RINGELNATZ · HAFENKNEIPE

BELLETRISTIK

Joachim Ringelnatz

HAFENKNEIPE

99 Gedichte

1988

Verlag Philipp Reclam jun. Leipzig

Auswahl und Nachwort von Horst Drescher

ISBN 3-379-00290-9

© Verlag Philipp Reclam jun. 1988 (für diese Ausgabe)
Ausgabe für die DDR und das Ausland, außer BRD, Berlin (West)
und Österreich

Reclams Universal-Bibliothek Band 558
5. Auflage
Umschlaggestaltung: Friederike Pondelik unter Verwendung eines
Ausschnittes aus J. Ringelnatz „Restaurant zum Südwester", Öl
Lizenz-Nr. 363. 340/41/88 · LSV 7105 · Vbg. 5,5
Printed in the German Democratic Republic
Grafischer Großbetrieb Völkerfreundschaft Dresden
Gesetzt aus Garamond-Antiqua
Bestellnummer: 660 613 9
00150

Avant-Propos*

Ich kann mein Buch doch nennen, wie ich will
Und orthographisch nach Belieben schreiben!
Wer mich nicht lesen mag, der laß es bleiben.
Ich darf den Sau, das Klops, das Krokodil
Und jeden andern Gegenstand bedichten,
Darf ich doch ungestört daheim
Auch mein Bedürfnis, wie mirs paßt, verrichten.
Was könnte mich zu Geist und reinem Reim,
Was zu Geschmack und zu Humor verpflichten? –
Bescheidenheit? – captatio – oho!
Und wer mich haßt, – – – sie mögen mich nur hassen!
Ich darf mich gründlich an den Hintern fassen
Sowie an den avant-propos.

* (franz.): Vorwort

I

VOM SEEMANN
KUTTEL DADDELDU

Hafenkneipe

In der Kneipe „Zum Südwester"
Sitzt der Bruder mit der Schwester
Hand in Hand.

Zwar der Bruder ist kein Bruder,
Doch die Schwester ist ein Luder,
Und das braune Mädchen stammt aus Feuerland.

In der Kneipe „Zum Südwester"
Ballt sich manchmal eine Hand,
Knallt ein Möbel an die Wand.

Doch in jener selben Schenke
Schäumt um einfache Getränke
Schwer erkämpftes Seemannsglück.
Die Matrosen kommen, gehen.
Alles lebt vom Wiedersehen.
Ein gegangener Gast sehnt sich zurück.

Durch die Fensterscheibe aber träumt ein Schatten
Derer, die dort einmal
Oder keinmal
Abenteuerliche Freude hatten.

Kuttel Daddeldu und Fürst Wittgenstein

Daddeldu malte im Hafen mit Teer
Und Mennig den Gaffelschoner Claire.
Ein feiner Herr kam daher,
Blieb vor Daddeldun stehn
Und sagte: „Hier sind fünfzig Pfennig,
Lieber Mann, darf man wohl mal das Schiff besehn?"
Daddeldu stippte den Quast in den Mennig,
Daß es spritzte, und sagte: „Fünfzig ist wenig.
Aber, God demm, jedermann ist kein König."
Und der Fremde sagte verbindlich lächelnd: „Nein,
Ich bin nur Fürst Wittgenstein."

Daddeldu erwiderte: „Fürst oder Lord –
Scheiß Paris! Komm nur an Bord."
Wittgenstein stieg, den Teerpott in seiner zitternden Hand,
Hinter Kutteln das Fallreep empor und kriegte viel Sand
In die Augen, denn ein schwerer Stiefel von Kut-
Tel Daddeldu stieß ihm die Brillengläser kaputt,
Und führte ihn von achtern nach vorn
Und von Luv nach Lee.
Und aus dem Mastkorb fiel dann das Brillengestell aus
Horn,
Und im Kettenkasten zerschlitzte der Cutaway.
Langsam wurde der Fürst heimlich ganz still.
Daddeldu erklärte das Ankerspill.
Plötzlich wurde Fürst Wittgenstein unbemerkt blaß.
Irgendwas war ihm zerquetscht und irgendwas naß.
Darum sagte er mit verbindlichem Gruß:
„Vielen Dank, aber ich muß – – –"
Daddeldu spuckte ihm auf die zerquetschte Hand
Und sagte: „Weet a Moment, ich bring dich noch an Land."
Als der Fürst unterwegs am Ponte San Stefano schmollte,
Weil Kuttel durchaus noch in eine Osteria einkehren wollte,
Sagte dieser: „Oder schämst du dich etwa vielleicht?"
Da wurde Fürst Wittgenstein wieder erweicht.
Als sie dann zwischen ehrlichen Sailorn und
Dampferhalunken
Vier Flaschen Portwein aus einem gemeinsamen
Becher getrunken,
Rief Kuttel Daddeldu plötzlich mit furchtbarer Kraft:
„Komm, alter Fürst, jetzt trinken wir Brüderschaft."
Und als der Fürst nur stumm auf sein Chemisette sah,
Fragte Kuttel: „Oder schämst du dich etwa?"
Wittgenstein winkte ab und der Kellnerin.
Die schob ihm die Rechnung hin.
Und während der Fürst die Zahlen mit Bleistiftstrichen
Anhakte, hatte Kuttel die Rechnung beglichen.

Der Chauffeur am Steuer knirschte erbittert.
Daddeldu hatte schon vieles im Wagen zersplittert,
Während er dumme Kommandos in die Straßen und
Gassen
Brüllte. „Hart Backbord!" „Alle Mann an die Brassen!"

Rasch aussteigend fragte Fürst Wittgenstein:
„Bitte, wo darf ich Sie hinfahren lassen?"
Aber Daddeldu sagte nur: „Nein!"
Darauf erwiderte jener bedeutend nervös:
„Lieber Herr Seemann, seien Sie mir nicht bös;
Ich würde Sie bitten, zu mir heraufzukommen,
Aber leider – –" Daddeldu sagte: „Angenommen!"

Auf der Treppe bat dann Fürst Wittgenstein
Den Seemann inständig:
Um Gottes willen doch ja recht leise zu sein;
Und während er später eigenhändig
Kaffee braute – und goß in eine der Tassen viel Wasser
                              hinein –,
Prüfte Kuttel nebenan ganz allein,
Verblüfft, mit seinen hornigen Händen
Das Material von ganz fremden Gegenständen.
Bis ihm zu seinem Schrecken der fünfte
Zerbrach. – Da rollte er sich in den großen Teppich
                              hinein –,
Dann kam mit hastigen Schritten
Der Kaffee. Und Fürst Wittgenstein
Sagte, indem er die Stirne rümpfte:
„Nein, aber nun muß ich doch wirklich bitten – –
Das widerspricht selbst der simpelsten populären Politesse."
Daddeldu lallte noch: „Halt die Fresse!"

Vom Seemann Kuttel Daddeldu

Eine Bark lief ein in Le Haver,
Von Sidnee kommend, nachts elf Uhr drei.
Es roch nach Himbeeressig am Kai
Und nach Hundekadaver.

Kuttel Daddeldu ging an Land.
Die Rü Albani war ihm bekannt.
Er kannte nahezu alle Hafenplätze.

Weil vor dem ersten Haus ein Mädchen stand,
Holte er sich im ersten Haus von dem Mädchen die Krätze.

Weil er das aber natürlich nicht gleich empfand,
Ging er weiter – kreuzte topplastig auf wilder Fahrt.
Achtzehn Monate Heuer hatte er sich zusammengespart.

In Nr. 6 traktierte er Eiwie und Kätchen,
In 8 besoff ihn ein neues, straff lederbusiges Weib.
Nebenan bei Pierre sind allein sieben gediegene Mädchen
Ohne die mit dem Zelluloid-Unterleib.

Daddeldu, the old Seelerbeu Kuttel,
Verschenkte den Albatrosknochen,
Das Haifischrückgrat, die Schals,
Den Elefanten und die Saragossabuttel.
Das hatte er eigentlich alles der Mary versprochen,
Der anderen Mary; das war seine feste Braut.

Daddeldu – hallo! Daddeldu,
Daddeldu wurde fröhlich und laut.

Er wollte mit höchster Verzerrung seines Gesichts
Partu einen Niggersong singen
Und „Blu beus blu".
Aber es entrang sich ihm nichts.

Daddeldu war nicht auf die Wache zu bringen.
Daddeldu Duddel Kuttelmuttel, Katteldu

Erwachte erstaunt und singend morgens um vier
Zwischen Nasenbluten und Pomm de Schwall auf der Pier.
Daddeldu bedrohte zwecks Vorschuß den Steuermann.
Schwitzte den Spiritus aus. Und wusch sich dann.

Daddeldu ging nachmittags wieder an Land,
Wo er ein Renntiergeweih, eine Schlangenhaut,
Zwei Fächerpalmen und Eskimoschuhe erstand.
Das brachte er aus Australien seiner Braut.

Kuttel Daddeldu und die Kinder

Wie Daddeldu so durch die Welten schifft,
Geschieht es wohl, daß er hie und da
Eins oder das andre von seinen Kindern trifft,
Die begrüßen dann ihren Europapa:
„Gud morning! – Sdrastwuide! – Bong Jur, Daddeldü!
Bon tscherno! Ok phosphor! Tsching – tschung!
                                    Bablabü!"
Und Daddeldu dankt erstaunt und gerührt
Und senkt die Hand in die Hosentasche
Und schenkt ihnen, was er so bei sich führt
– – Whiskyflasche,
Zündhölzer, Opium, türkischen Knaster,
Revolverpatronen und Schweinsbeulenpflaster,
Gibt jedem zwei Dollar und lächelt: „Ei, ei!"
Und nochmals: „Ei, Ei!" – Und verschwindet dabei.

Aber Kindern von deutschen und dänischen Witwen
Pflegt er sich intensiver zu widmen.
Die weiß er dann mit den seltensten Stücken
Aus allen Ländern der Welt zu beglücken.
Elefantenzähne – Kamerun,
Mit Kognak begoßnes malaiisches Huhn,
Aus Friedrichsroda ein Straußenei,
Aus Tibet einen Roman von Karl May,
Einen Eskimoschlips aus Giraffenhaar,
Auch ein Stückchen versteinertes Dromedar.

Und dann spielt der poltrige Daddeldu
Verstecken, Stierkampf und Blindekuh,
Markiert einen leprakranken Schimpansen,
Lehrt seine Kinderchen Bauchtanz tanzen
Und Schiffchen schnitzen und Tabak kauen.
Und manchmal, in Abwesenheit älterer Frauen,
Tätowiert er den strampelnden Kleinchen
Anker und Kreuze auf Ärmchen und Beinchen.

Später packt er sich sechs auf den Schoß
Und läßt sich nicht lange quälen,
Sondern legt los:

Grog saufen und dabei Märchen erzählen;
Von seinem Schiffbruch bei Helgoland,
Wo eine Woge ihn an den Strand
Auf eine Korallenspitze trieb,
Wo er dann händeringend hängenblieb.
Und hatte nichts zu fressen und zu saufen;
Nicht mal, wenn er gewollt hätte, einen Tropfen
           Trinkwasser, um seine Lippen zu benetzen,

Und kein Geld, keine Uhr zum Versetzen.
Außerdem war da gar nichts zu kaufen;
Denn dort gabs nur Löwen mit Schlangenleiber,
Sonst weder keine Menschen als auch keine Weiber.
Und er hätte gerade so gern einmal wieder
Ein kerniges Hamburger Weibstück besucht.
Und da kniete Kuttel nach Osten zu nieder.
Und als er zum drittenmal rückwärts geflucht,
Da nahte sich plötzlich der Vogel Greif,
Und Daddeldu sagte: „Ei wont ä weif.“
Und der Vogel Greif trug ihn schnell
Bald in dies Bordell, bald in jenes Bordell
Und schenkte ihm Schlackwurst und Schnaps und so
                weiter. –
So erzählt Kuttel Daddeldu heiter –
Märchen, die er ganz selber erfunden.
Und säuft. – Es verfließen die Stunden.
Die Kinder weinen. Die Märchen lallen.
Die Mutter ist längst untern Tisch gefallen,
Und Kuttel – bemüht, sie aufzuheben –
Hat sich schon zweimal dabei übergeben.
Und um die Ruhe nicht länger zu stören,
Verläßt er leise Mutter und Gören.

Denkt aber noch tagelang hinter Sizilien
An die traulichen Stunden in seinen Familien.

Seemannsgedanken übers Ersaufen

Ich sterbe. Du stirbst. Er stirbt.
Viel schlimmer ist, wenn ein volles Faß verdirbt.
Aber auch wir wollen erst ausgetrunken sein.
Besauft euch beizeiten.
Alle Flüssigkeiten
Finden sich wieder ins Meer hinein,
Wo wir den Schwämmen gleich sind,
Wo uns nichts gebricht,
Weil wir weich sind.
Und wenn man in eine Leiche sticht:
Sie fühlt es nicht.
Wird mich nie mehr acht Glasen wecken,
Will ich gerne den Fischen wie Hackfleisch mit Rührei
                                        schmecken.

Weil das mit Sinn so geschieht,
Denn die haben gewiß nicht vergessen,
Wieviel Schollen wir in uns hineingefressen.
Nur bei den Würmern im Sarge ist ein Unterschied.
Wenn uns der Haifisch beim Wickel kriegt –
Das müßte mal einer malen!
Was da wohl alles so unten beisammenliegt –
Zerbrochene Schiffe, Krebse und Apfelsinenschalen.
Frisch ersoffen also und nicht gejammert,
Aber natürlich auch nicht zu übereilt;
Wer sich nicht tapfer noch an die letzte Handuhle klammert,
Der ist im Leben nie um die Horn gesailt.
Ein Schuft, wer mehr stirbt, als er sterben muß!

Aber muß es sein, dann nicht schüchtern.
Ersaufen ist auch ein Genuß,
Und vielleicht wird man dann nie mehr nüchtern.
Denn nur über das Fleisch und die Knochen
Weiß man es, offenbar.
Aber sonst hab ich noch keinen gesprochen,
Der richtig ersoffen war.

Die Weihnachtsfeier
des Seemanns Kuttel Daddeldu

Die Springburn hatte festgemacht
Am Petersenkai.
Kuttel Daddeldu jumpte an Land,
Durch den Freihafen und die stille heilige Nacht
Und an dem Zollwächter vorbei.
Er schwenkte einen Bananensack in der Hand,
Damit wollte er dem Zollmann den Schädel spalten.
Wenn er es wagte, ihn anzuhalten,
Da flohen die zwei voreinander mit drohenden Reden.
Aber auf einmal trafen sich wieder beide im König von
                                    Schweden.

Daddeldus Braut liebte die Männer vom Meere,
Denn sie stammte aus Bayern.
Und jetzt war sie bei einer Abortfrau in der Lehre,
Und bei ihr wollte Kuttel Daddeldu Weihnachten feiern.

Im König von Schweden war Kuttel bekannt als Krakeeler.
Deswegen begrüßte der Wirt ihn freundlich: „Hallo old sailer!"
Daddeldu liebte solch freie, herzhafte Reden,
Deswegen beschenkte er gleich den König von Schweden.
Er schenkte ihm Feigen und sechs Stück Kolibri
Und sagte: „Da nimm, du Affe!"
Daddeldu sagte nie „Sie".
Er hatte auch Wanzen und eine Masse
Chinesischer Tassen für seine Braut mitgebracht.

Aber nun sangen die Gäste „Stille Nacht, Heilige Nacht",
Und da schenkte er jedem Gast eine Tasse
Und behielt für die Braut nur noch drei.
Aber als er sich später mal darauf setzte,
Gingen auch diese versehentlich noch entzwei,
Ohne daß sich Daddeldu selber verletzte.

Und ein Mädchen nannte ihn Trunkenbold
Und schrie: er habe sie an die Beine geneckt.
Aber Daddeldu zahlte alles in englischen Pfund in Gold.

Und das Mädchen steckte ihm Christbaumkonfekt
Still in die Taschen und lächelte hold
Und goß noch Genever zu dem Gilka mit Rum in den Sekt.

Daddeldu dacht an die wartende Braut.
Aber es hatte nicht sein gesollt,
Denn nun sangen sie wieder so schön und so laut.
Und Daddeldu hatte die Wanzen noch nicht verzollt,
Deshalb zahlte er alles in englischen Pfund in Gold.

Und das war alles wie Traum.
Plötzlich brannte der Weihnachtsbaum.
Plötzlich brannte das Sofa und die Tapete,
Kam eine Marmorplatte geschwirrt,
Rannte der große Spiegel gegen den kleinen Wirt.
Und die See ging hoch, und der Wind wehte.

Daddeldu wankte mit einer blutigen Nase
(Nicht mit seiner eigenen) hinaus auf die Straße.
Und eine höhnische Stimme hinter ihm schrie:
„Sie Daddel Sie!"
Und links und rechts schwirrten die Kolibri.

Die Weihnachtskerzen im Pavillon an der Mattentwiete
                                       erloschen.
Die alte Abortfrau begab sich zur Ruh.
Draußen stand Daddeldu
Und suchte für alle Fälle nach einem Groschen.
Da trat aus der Tür seine Braut
Und weinte laut:
Warum er so spät aus Honolulu käme?
Ob er sich gar nicht mehr schäme?
Und klappte die Tür wieder zu.
An der Tür stand: „Für Damen".

Es dämmerte langsam. Die ersten Kunden kamen,
Und stolperten über den schlafenden Daddeldu.

Kuttel Daddeldu besucht einen Enkel

„Mein lieber Heini! – Denn so heißt du ja wohl? –
Über die Folgen der Weiber und des Alkohol
Mußt du mal deine Mutter befragen –
Oder nein!! Besser schon gehst du
Damit zum Lehrer. – Ich will dir nur eines sagen:
Gehe niemals zur See!! Verstehst du?
Denn das Seemannsleben ist sauer ernst und schwer;
Und wie du mich hier mit meinem weißen Bart
Siehst – du dummer Bengel, so kik doch her! –,
Habe ich mir bis heute noch keinen Groschen erspart.

Mein lieber Heini! Du bist heute konfirmiert oder
                                        eingesegnet.
Ich schenke dir hiermit, weil du nun eingesegnet oder gefirmt
Bist, diesen Schirm. Nicht, daß er dich jemals beschirmt.
Sondern, wenns mal recht kabelgarndick vom Himmel
                                        regnet,
Sollst du ihn an der nächsten Kante in Stücke zerschlagen.
Denn ein rechter Kerl muß jedes Wetter vertragen
Und nur auf Gott und seinen Kaptein vertraun.
Und sollte dir jemals jemand was andres sagen,
Dem mußt du deine Seekiste über den Bregen haun.
Weil ein Mann sich soll als ein Kerl benehmen,
Und laß dich nicht vor den Landratten lumpen.
Wenn wir uns auch mal im Hafen den Schlauch vollpumpen,
Deswegen braucht sich von uns an Deck keiner zu schämen.
Denn jedes Frauenzimmer will sich doch mal amüsieren,
Und als Schiffsjunge heißt es vor allem parieren.
Wenn einem draußen solch dicker Taifun
Durch Nase und Arschloch pfeift – –
Dann hättest du Großvater Daddeldun
Sehen sollen, wie er den Jungens die Eier schleift!

Hauptsache ist, daß man nur richtig die Lage peilt.
Was die Studierten predigen, das ist alles Beschiß.
Mein erster Bootsmann hat sich viermal die Syphilis
Nur mit Spiegelscherben und Branntwein geheilt. –
Was feixt du da, naseweiser Flegel! –
Das ist alles Wort für Wort wahr

Und gar nicht zum Lachen.
Na laß man. Du bist erst fünfzehn Jahr.
Da wollen wir beide mal heute mit vollem Segel
So einen Trip durch Sankt Liederlich machen."

Ansprache eines Fremden an eine Geschminkte vor dem Wilberforcemonument

Guten Abend, schöne Unbekannte! Es ist nachts halb zehn.
Würden Sie liebenswürdigerweise mit mir schlafen gehn?
Wer ich bin? – Sie meinen, wie ich heiße?

Liebes Kind, ich werde Sie belügen,
Denn ich schenke dir drei Pfund.
Denn ich küsse niemals auf den Mund.
Von uns beiden bin ich der Gescheitre.
Doch du darfst mich um drei weitere
Pfund betrügen.

Glaube mir, liebes Kind:
Wenn man einmal in Sansibar
Und in Tirol und im Gefängnis und in Kalkutta war,
Dann merkt man erst, daß man nicht weiß, wie sonderbar
Die Menschen sind.

Deine Ehre, zum Beispiel, ist nicht dasselbe
Wie bei Peter dem Großen L'honneur. –
Übrigens war ich – (Schenk mir das gelbe
Band!) – in Altona an der Elbe
Schaufensterdekorateur. –

Hast du das Tuten gehört?
Das ist Wilson Line.

Wie? Ich sei angetrunken? O nein, nein! Nein!
Ich bin völlig besoffen und hundsgefährlich geistesgestört.
Aber sechs Pfund sind immer ein Risiko wert.
Wie du mißtrauisch neben mir gehst!
Wart nur, ich erzähle dir schnurrige Sachen.

Ich weiß: Du wirst lachen.
Ich weiß: Daß sie dich auch traurig machen.
Obwohl du sie gar nicht verstehst.
Und auch ich –
Du wirst mir vertrauen – später, in Hose und Hemd.
Mädchen wie du haben mir immer vertraut.

Ich bin etwas schief ins Leben gebaut.
Wo mir alles rätselvoll ist und fremd,
Da wohnt meine Mutter. – Quatsch! Ich bitte dich: Sei
                                   recht laut!

Ich bin eine alte Kommode.
Oft mit Tinte oder Rotwein begossen;
Manchmal mit Fußtritten geschlossen.
Der wird kichern, der nach meinem Tode
Mein Geheimfach entdeckt. –
Ach Kind, wenn du ahntest, wie Kunitzburger
                              Eierkuchen schmeckt!

Das ist nun kein richtiger Scherz.
Ich bin auch nicht richtig froh.
Ich habe auch kein richtiges Herz.
Ich bin nur ein kleiner, unanständiger Schalk.
Mein richtiges Herz. Das ist anderwärts, irgendwo
Im Muschelkalk.

Kuttel Daddeldu im Binnenland

Schlafbrüchige Bürger von Eisenach
Tapsten ans Fenster. Denn draußen gabs Krach.
Da sang jemand, der eine Hängematte
Und ein Geigenfutteral auf dem Rücken hatte.
Und ließ auch Töne frei, die man besser
Sich aufspart für Sturmfahrten im Auslandsgewässer.

Zehn Jahre zuvor und von Eisenach sehr entfernt
Hatte Daddeldu bei Schwedenpunsch, Whisky, Rotwein
                              und Kuchen
In Grönland eine Gräfin Pantowsky kennengelernt,
Die hatte gesagt: „Sie müssen mich mal besuchen."
Und zehn Jahre lang merkte sich Kuttel genau:
Eisenach, Burgstraße 16, dicke, richtig anständige Frau.

Auch studierte bei Eisenach oder Wiesbaden herum
Sein Schwager zolologisches Studium;
Für den schleppte Kuttel in dem Futteral
Seit Bombay ein seltnes Geschenk herum.
Nun, nach dem Untergang der Lotte Bahl,
Wollte er Schwager und Gräfin sozusagen
Mit zwei Fliegen auf einer Klappe schlagen.

Rief also jetzt die nächtlichen Thüringer Leutchen
Mit englischen Fragen an. Später mit deutschen.
Aber die Gräfin Pantowsky kannte keiner.
Und auf einmal las Kuttel an Luvseite „Zum Rodensteiner",
Und kalkulierend, daß dort was zu trinken sei,
Klopfte er. Teils vergeblich und teils entzwei.
Weil weder Wirts- noch Freudenhaus noch Retirade
Sich öffneten, sagte Daddeldu: „Schade."
Fand aber weitersteigend und unverdrossen
Das Haus Burgstraße 16. Leider verschlossen.
Die Tür zum Gräflich Pantowskyschen Zwetschgengarten
Zersplitterte. Daddeldu hatte beschlossen zu warten.
Mittags im Pensionat Kurtius
Bewarfen die Mädchen nach Unterrichtsschluß
Mit Stöpseln und leeren Konservendosen
Einen furchtbaren Kerl, der mit buchtigen Hosen
Und einem imposanten Revers
Zwischen Ästen in Höhe des Hochparterres
In einer Hängematte schlief
Und nicht reagierte auf das, was man rief.

Als er doch endlich halbwegs erwachte,
Weil von zwei Bäumen einer zur Erde krachte,
Spritzten die Mädchen dem Manne Eau de Kolon ins Gesicht.
Aber die Gräfin Pantowsky kannten sie nicht.

Und verwirrt über die Falschheit des Binnenlands,
Nannte Kuttel die Vorsteherin „Alte Spinatgans!"
Und taumelte schlaftrunken, römische Flüche stammelnd,
zu Tal,
Mit Hängematte, doch ohne das Dingsfutteral.

Alsbald, von wegen das Taumeln und Stammeln,
Begannen sich Kinder um ihn zu sammeln.
Und der Kinder liebende Daddeldu,
Nur um die Kinder zu amüsieren,
Fing an, noch stärker nach rechts und links auszugieren,
Als ob er betrunken wäre. Und brüllte dazu:
„The whole life is vive la merde!"
Und wurde so polizeilich eingesperrt.
An Gräfin Pantowsky glaubte dort keiner.
Und der unglücklich nüchterne Daddeldu
Gab den zerbrochenen Rodensteiner,
Gab alles andre Gefragte eilig zu
Und drehte – ohne Tabak – in der Nacht
Wie ein Log zwölf Knoten ins hölzerne Lager,
Oder vielmehr in die Hängematte,
Weil er das schöne Geschenk für den Schwager
In der Mädchenpension vergessen hatte.
Gewiß war das Futteral schon erbrochen,
Und das Geschenk war herausgekrochen
Und hatte vielleicht schon wer-weiß-wen gestochen.

Später im D-Zug, unter der Bank hinter lauter ängstlichen
Beinen,
Fing Daddeldu plötzlich an, zum einzigsten Male zu weinen
(Denn später weinte er niemals mehr.) –
Beide Flaschen Eau de Kolon waren leer.

Ein ehemaliger Matrose fliegt

Ich bin einst in Seemannsjahren
Oft elbauf, elbab gefahren.
Auf der Seite, wo wir dann Stadt Altona
Sichteten, stand ich an Deck und sah.

Sah ein Haus. Vom Schornsteinruß geschminkt,
Kiekt es lustig nach der Elbe hin.
Und ich wußte: Meta wohnt darin.
Wenn ich dort vorbeigefahren bin,
Hat sie mir und hab ich ihr gewinkt,
Ein Signal „Ich liebe dich".
Und ich sah sie, und sie sah auch mich.

Heute flog ich über das vertraute
Altona. Hab nicht das Haus entdeckt.
Doch ich hab die Hand hinausgestreckt,
Hab gewinkt, wie ich es einst getan.
Und ich wußte: Meta schaute,
Winkte auf nach meinem Wolkenkahn
Oder, wie sies nennen, „Aeroplan".

Wenn man sich auch sonst von nah,
Teufel eins, viel lieber sah,
Dacht ich doch verliebt und bang
Oben dort im Wolkenhang:
Wenn ich jetzt hinunterstürze,
Fängt mich Meta in der Schürze
Auf.

Ehemaliger Seemann

Gestern hab ich mitten zwischen Witzen
Unter trunkenen Weibern, geilen Fritzen
Allen Einklang plötzlich durchbrochen
Und – es gab sich so – gut über Gott gesprochen.

Heute stach die Post in unsre Not,
Brachte mehr Geld, als ich sehr brauchte.
Unser Schornstein rauchte,
Und der Bäcker neigte sich devot.
Wurst und Butter hüpften frech aufs Brot.
Alles war mit Dankbarkeit getrüffelt.
Abends zechten wir im Freien.

Wäre – als wir singend, uns umschlingend, angesüffelt
Nachts heimkehrten – hinter uns, uns zweien,
Ein derzeit Bedrückter hergeschlichen,
Hätte sein und unser Los verglichen
Und gedacht, wie reich und hart wir seien –

Ach, ich möchte einmal wieder
Als Matrose im Atlantik kreuzen,
Um mein Herz und meine Lieder
In die wilden Wetter auszuschneuzen.

II
KUTTEL KANNTE NAHEZU ALLE HAFENPLÄTZE

Hamburg

Das Hafenleid – die Alsterdiamanten –
Das sind für mich so fertige Begriffe,
Da fallen Zahlen um die großen Schiffe,
Wenn ich begönnert, aber mißverstanden
Zwischen den Reedern sitze an der Bar,
Die scheinbar nur um Whiskysoda knobeln.
Indessen denk ich immer vor den nobeln
Kaufherren an mein schlechtgekämmtes Haar.

Dann die, die aus den Schiffen sich verstreuen:
Unangenehme, plumpe Wunderlinge,
Sie schenken bluterlebte Wunderdinge
Und wollen nichts als sich mit andern freuen.

Wie sie das erste beste runtergießen,
So gierig wie die weißen Hafenraben – – –
Muß man den Schlüssel selbst erschmiedet haben,
Um ihre seltnen Märchen zu erschließen.

Und alles kenn ich: Backbord, Luv und Lee,
Das „Rundstück warm", die Segel und die Lichter,
Die hellen abgesalzenen Gesichter.
Fuhr ich vielleicht umsonst sechs Jahr zur See!

Hier bunte Ratsherrn, flatternd um die Masten,
Dort steife Flaggen, die zur Börse hasten.
Und steife Grogs, Qualm, Tabak, Nebeldunst.
Du frägst nach Kunst? Ach Hummel, Hummel – Kunst!

Nachts klang zwölf Glasen – (nein, vielleicht zwölf Uhr) –
Ich träumte (aber dieses lüg ich nur),
Wie aus Westindien – dumpfes Dampfertuten,
Ich träumte (aber dieses lüg ich nur),
Ich träumte eben von der Tante Bur –
Kann es wohl sein, daß Augenwimpern bluten?
Hier trink ich morgens Bier auf nüchtern Magen
Und häufe Wurst auf grobes, schwarzes Brot
Und fühle mich so stark in jeder Not,
Ich würde mich hier schämen, je zu klagen.

Bremen

Hier gelt ich nix, und würde gern was gelten,
Denn diese Stadt ist echt, und echt ist selten.
Reich ist die Stadt. Und schön ist ihre Haut.
Sag einer mir:
Welch Geist hat hier
Die Sankt-Ansgari-Kirche aufgebaut?
Groß schien mir alles, was ich hier entdeckte.
Ein Riesenhummer lag in einem Laden.
Wie der die Arme eisern von sich reckte,
Als wollte er durchs Glas in Frauenwaden,
In Bremer Brüste plötzlich fassen
Und – wie wirs von den Skorpionen lesen –
Restweg im Koitus sein Leben lassen –
Wär er nicht längst schon rot und tot gewesen.
Als ich herauskam aus dem Keller, wo
Schon Heine saß, da sagte ich: „Oho!"
Denn auf mich sah Paul Wegener aus Stein.
Und er war groß und ich natürlich klein.
Brustwarzen hatte er an beiden Knien,
Vielleicht wars auch der Roland von Berlin.
Und als ich, wie um eine spanische Wand
Mich schlängelnd, eine seltsam leere,
Doch wohlgepflegte Villengasse fand
Und darin viel verlorene Ehre,
Stand dort ein Dacharbeiter.
Den fragt ich so ganz nebenbei:
Ob er wohl ein Senator sei?
Da ging er lächelnd weiter.

Kurz vor der Weiterreise

In Eile – in vierzig Minuten
Geht mein Zug. Denke dir nur:
Die gelbe Tasche mit Frack und den guten
Hosen, vier Hemden und Onkel Karls Uhr,
Die Metamorphosen des Tacitus,
Zwei Unterwäschen, fast sämtliche Kragen,

Sogar das Glas mit dem Bandwurm in Spiritus
Und vieles andere. – Schluß – herzlichen Gruß.

Ich muß dir ja noch die Hauptsache sagen:
Das alles haben sie mir gestohlen.
Ich habe hier Blut geschwitzt.
Der Teufel soll Berlin holen!
Denn auch mein neuer Hut ist vertauscht.
Pfenniger läßt dich grüßen. Er sitzt
Neben mir. Wir sind dir gut, aber ziemlich berauscht.

Leipzig

Die Berge sind so schön, so erhaben! –
Aber es gibt hier keine. –
Wo hier zwei Menschen sind, ist keiner alleine. –
Über manche Leute, die jemand begraben,
Lache ich beinahe mich selber zu Tode. –
Fast alle Sachsen sind sächsisch. Sie zeigen sogar,
Daß die Pariser und die Londoner Mode
Vor zwei Jahren eigentlich auch sächsisch war.
Bei deiner Großmutter bin ich gewesen.

Es tut einem weh:
Sie nagelt – die Siebzigjährige – Stiele an Besen
Und trinkt – weil das jetzt am billigsten – Blutreinigungstee.
Sie hat eine alte Kommode, wertvolles, frühes Barock.

Ich klärte sie auf. Und denke dir:
Sie – unabwehrbar – schenkte sie mir,
Trug sie persönlich mir heimlich nachts ins Hotel in den
                              dritten Stock.
Was nun mit ihr, was mit der Kommode machen?? –

Genug für heute. Ich bin so müde gefragt.
Es ist doch billig, über die Sachsen zu lachen.
Der müßte selber ein
(Und würde kein) Sachse sein,
Der einmal recht ihre Vorzüge sagt.

Mannheim

Schaff mir doch jemand den Schutzmann vom Hals!
Der Kerl schreitet ein.
Ich möchte doch gar nichts weiter, als
Nur laut schrein. Ganz laut schrein.
Der aber schreit: Nein,
Das dürfte nicht sein.

Was wär nun an meinem Geschrei
Schlimmes dabei?
Wenn ich doch heute so fröhlich bin.
Dafür haben die von der Polizei
Gar keinen Sinn.

Paßt auf, ihr Leute, was ich nun
Tue. Ich werde nichts Böses tun.
Wenn ich jetzt laufe,
Läuft der besäbelte Mann
Wie wild hinterher,
Aber ich laufe schneller wie der.
Und werde schrein, was ich nur schrein kann
Was wissen die Polizein
Vom redlichen Fröhlichsein.
Am Südpol darf jeder Seelöwe schrein
So laut wie er will.

Schon gut, ich bin ja schon still.

Augsburg

Ich bin da im Weißen Lamm
Abgestiegen.
Leider ließ ich im Zug deinen schönen, neuen Schwamm
Liegen.
Mir bleibt nichts verschont,
Hier hat auch Goethe gewohnt –
Wollte sagen „erspart“. –

Augsburg hat doch seine Art;
Besonders wenn Markt ist, und Zwiebeln, verhutzelte Weiblein
Und Butter und Gänse auf steinaltem Pflaster sich tummeln.

Dort wo früher Hasen- und Hundemarkt war,
Schreib ich diesen Brief. Eine wunderliche,
Ganz enge Kneipe – Marktleute – Kupferstiche –
Nur Schnäpse –

Verzeih, mir ist nicht ganz klar,
Aber sonderbar.
Schade nur um den herrlichen Schwamm!
Die ihn finden, die freun sich.

Auf der Reise nach Italien 1790
Es lebe Goethe! Das Lamm! Und der Schwan!
Ach was! Schwamm drüber! Punktum Streusand!
Prosit: es lebe Neuseeland.

Kürzeste Liebe

Blöde Bauern, die den biedern
Gruß der Bürger nicht erwidern,
Menschen, die mit halbem Nicken
Danken ohne aufzublicken.
Prüde, scheue Frauen, leise
Kinder, würdevolle Greise – – –

Aber wenn an Dorf und Feld und
Wald vorbei dein Schnellzug braust,
Du aus deinem Wagen schaust:

Ja dann stehen – stehn auch diese
Ganz dir zugewandt am Hange,
Vor dem Stalltor, auf der Wiese –
Und sie winken, winken lange.

Grüßen voll und grüßen frei
Dich und deine Fahrtgenossen.

Und die reinste Liebe wird vergossen
Im Vorbei.

Abstecher: Reichenbach im Vogtland

Es sang sich ein Lied in der Nacht.
Da wurden zwei Bürger in Reichbach
Im Vogtlande wach.

Was wollte ich sonst in dieser Stadt
Als nur meine Fahrt unterbrechen;
Frug: ob sich hier ein Wirtshaus hat,
Wo Leute um die Zeit noch zechen.

Am Himmel standen Zeichen.
Warum – so hatte ich mir gedacht –
Soll Reichenbach in dieser Nacht
Nicht Guatemala gleichen?

Was geht mich Guatemala an,
Wenn ich daselbst nicht bin. –
Stieg aus. Bereute das. Doch ach:
Da flog mein Zug schon weiter hin.
Und ich stand nachts in Reichenbach.

Vielleicht erlebe ich Rübezahl,
Den Ollen!?
Doch sicher bin ich heute einmal
Für jedermann verschollen.

Aussteigen plötzlich, besonders noch spät,
Das kann ich jedem empfehlen:
Er braucht ja, wie sein Leben vergeht,
Gerade nicht Reichenbach wählen. –

Es klang ein Gesang wie Männerverein
Und brachte Dachrinnen zum Schmelzen
Und roch so nach Wein. Da trat ich hinein
Und kam mir dort vor wie Lord Nelson.

Im Seichtlärm eines Stammlokals
Der Honoratioren
Im Stile Anno dazumals
Beneugiert und verloren – – –

Gott segne die Azoren!

Der große Christoph

Wer Rigas Hafen kennt,
Kennt auch das Holzmonument,
Das man den großen Christoph nennt.

Der Heilige mit seinem Wanderstabe.
Auf seiner Schulter sitzt der Jesusknabe.
Den hat er, wie die Leute sagen,
Durch die Düna getragen.

Die Flößer und die Schiffersleute schenken
Ihm Blumen, Bänder hin und andrerlei
Und bitten frömmig ihn dabei,
Er möge dies und das zum Guten lenken.
Es kommen viele Leute so und gehn.

Der Christoph trägt um seine Lenden
Ein Hemd, vier Hemden, manchmal zehn,
So je nachdem, was sie ihm spenden
Und andermal auch wieder stehlen.

Er trägt und gibt das Gerngewollte.
Und Christus schweigt; er ist ja noch so klein,
Und beide lächeln ob der simplen Seelen.
Und wenn sie wirklich etwas wurmen sollte,
Dann kann das nur ein Holzwurm sein.

Chartres

Kirchenfenster, Kirchenfenster,
Kirchenfenster, Kirchenfenst . . .
Hoch im Dachgebälk der Kathedrale
Sahen meine Freunde viel Gespenster.
Ich sah nur ein einziges, das international
Ewige, gottfröhliche Gespenst,
Das nicht nur in Kathedralen,
Sondern auch im Zöster und im Faust,
Auch in Püffen und in Apfelsinenschalen
Oder sonstens wo für den und jenen haust.
Der Professor, welcher im Beruf
Und bei seinen Leuten
An sehr erster, prominenter Spitze steht,
Wußte, wer das alles und wie und warum ers schuf:
Und er bat die Freunde, ihn zu bitten, uns zu deuten.
Und dann konnte er geflüssig, klar und sinnig
Steine, Formen, Farben lesen.
Und doch vor den schönen Kirchenfenstern bin ich
Damals glücklich ganz fernanderswo gewesen.
Doch dem Kirchendiener hab ich lange
Zugeschaut – das hat mich zweitens interessiert –
Wie der Kerl mit einer Eisenstange
Und mit einem Holzpantoffel raffiniert
Eine Maus beschlich.
Ach, die hatte sich
Scheu verirrt. – Nun mag man nicht vergessen,
Daß oft Mäuse ohne Ehrfurcht oder Scham:
Bibeln, Samt und Christusnasen fressen.
Doch ich freute mich
Ungeheuerlich. Als die Kirchenmaus dem Kirchendiener
                                    doch entkam.

Aus Amsterdam

Nachdem ich den ersten und zweiten Preis
Gestern in einer Verlosung gewann,
Und zwar einen Seehund und eine Matratze,
Und nun nicht wohin damit weiß,
Und weil mir hohnlachend jedermann,
Dem ich das Zeug billig offeriere,
Noch weniger bietet, nur weil man lebendige Tiere
Nicht wie einen Regenschirm einfach stehnlassen kann,
Und jeder von meiner Abreise weiß
(Denn der eine Gewinn – der zweithöchste Preis –
Ist richtig lebendig und bellt wie ein Kalb),
Die Matratze allein aber geb ich nicht hin,
Aus Trotz meinetwegen. Und eben deshalb
Und weil ich heute so traurig bin
Und ein Zündholz verschluckte und kurz und gut:

Mir ist heute so zum Sterben zumut.
Du brauchst deswegen nicht ängstlich zu sein.
Es hat ja noch Zeit.
Nur merk dir bei dieser Gelegenheit:
Wenn ich mal sterbe, ist alles dein
(Nach meinem Wunsch und von Rechts wegen),
Was ich besessen habe im Leben.
Nur sollst du dann meinen drei liebsten Kollegen
Folgende kleine Souvenirs geben:
Dem Degenschlucker Paul Speisel vererbe
Ich den krummen Türkensäbel mit Schärpe.
Der Lachsalvendaisy in Ingolstadt
(Die mir mal das Leben gerettet hat)
Sende das Neue Plüschtestament.
(Frage sie erst, ob sie mich noch kennt.)

Den Jupiter aus Papiermaché
(Den kleineren mit den fehlenden Ohren!)
Und sämtliche Fachzeitschriftenbände
Vermache ich den Gebrüdern Hoppé,
Vogelstimmenimitatoren.
Und drücke ihnen im Geiste die Hände.
Notiere noch (Motzstraße vierzehn, Berlin)

Den Zauberkünstler René du Claude.
Dem hab ich mal hundert Pesetas geliehn.
Die schuldet er mir jetzt seit sechseinhalb Jahren.

Und mögen diese nach meinem Tode
Mir alle ein gutes Gedenken bewahren.
Und mir, meiner Frau, einen ewigen Kuß.
Doch jetzt laßt mich nicht weich werden. – Also jetzt Schluß
Mit jeder Sentimentalität.

Sei brav! Bleib mir treu! Und ich grüße dich.
Sei sparsam und fleißig! Leb wohl! Es ist spät,
Und die Kegelgesellschaft wartet auf mich.

III
UND TÄTOWIERTE
DIE STRAMPELNDEN KLEINCHEN

Kinder, ihr müßt euch mehr zutrauen

Kinder, ihr müßt euch mehr zutrauen!
Ihr laßt euch von Erwachsenen belügen
Und schlagen. – Denkt mal: fünf Kinder genügen,
Um eine Großmama zu verhauen.

Unter Wasser Bläschen machen

Kinder, ein Rätsel! Hört mich an!
Wer es heraus bekommt, kriegt Geld! – Wie kann
Man unter Wasser Bläschen machen?
Das müßt ihr versuchen – unbedingt! –
In der Badewanne. Und wenn es gelingt,
Werdet ihr lachen.

Bist du schon auf der Sonne gewesen?

Bist du schon auf der Sonne gewesen?
Nein? – Dann brich dir aus einem Besen
Ein kleines Stück Spazierstock heraus
Und schleiche dich heimlich aus dem Haus
Und wandere langsam in aller Ruh
Immer direkt auf die Sonne zu.
So lange, bis es ganz dunkel geworden.
Dann öffne leise dein Taschenmesser,
Damit dich keine Mörder ermorden.

Und wenn du die Sonne nicht mehr erreichst,
Dann ist es fürs erstemal schon besser,
Daß du dich wieder nach Hause schleichst.

Das Bergmannspiel

Unter dem Bett ist der Schacht.
Der wird entweder mit Bettdecken dunkel gemacht,
Oder ihr spielt das Spiel bei der Nacht.
In den Schacht schüttet ihr erst recht viel Kohlen.
Die muß der Bergmann auf dem Bauche heraus holen.
Ein Licht oder Spirituskocher auch zum Graben
Eine Schaufel muß jeder Bergmann haben.
Außerdem muß er vor allen Dingen sich hinten
Ein Stück Leder aus Schuh oder Ranzen anbinden.
Dann baut ihr aus Tisch und Stuhl und Fußbank drei Stufen
Dort wo der Eingang sein soll.
Jeder, der runterkriecht, muß erst „Glück auf" rufen
Und schaufelt eine Zigarrenkiste voll Kohlen voll.
Jeder, der rauskriecht, muß dann ganz dreckig sein.
Und jedesmal müssen alle Glückauf schrein.
Geben euch eure Eltern was hinten drauf,
Dann habt ihr doch hinten das Leder und ruft nur
„Glück auf".

Eine Erfindung machen

(Nur für Kinder, die keinen Schiß haben)

Wer was erfindet, wird furchtbar reich.
Was man erfindet, ist ganz gleich.
Wenn man nur allerlei Dinge zusammenmischt,
Noch länger, als bis es zischt, und das Richtige rausfischt,
Dann wird man in wenigen Stunden
Berühmt oder macht Gold.
Ich hab auch schon mal was zur Hälfte erfunden,
Aber Wolfgang, mein Bruder, wollte nicht mehr.

Wenn ihr das etwa fertig erfinden wollt,
Will ichs euch sagen. Aber es ist sehr, furchtbar sehr schwer.
Das allerwichtigste ist die teure
Furchtbar gefährliche Salzsäure.
Entweder findet ihr die im Klosett

Hoch oben auf einem Brett
Oder ihr müßt euch unter das Dienstmädchen stecken,
Dürft aber ja nicht dran lecken.

Erst legt ihr einen Goldfisch oder anderen Fisch –
Es kann auch ein Rollmops sein –
Nicht etwa auf den Tisch,
Sondern: Auf Elfenbein.
Und zwar auf die weißen Tasten von dem Klavier.
Müßt aber die Fische vorher mit Bier
Und Zahnpulver kneten,
Und auch erst tottreten,
Damit sie auch liegenbleiben.
Nun müßt ihr Seife, dann Zwiebel darüber reiben.
Dann müßt ihr Pfennige, Nachtleuchterstücken
Und anderes Kupfer tief in die Fische drücken,
Und nun darüber langsam Salzsäure träufeln.

Dann holt ihr schnell eine Schaufel (eigentlich zwei
                                    Schäufeln)
Voll glühender Kohlen.
Wolfgang ließ mich damals die zweite Schaufel nicht holen.
Der dumme Ochse ist ja zu unverschämt.
Aber ihr müßt das zu Ende bringen.
Wenn ihr noch Soda und Wachs und so was zu nehmt,
Dann wirds schon gelingen.
Und wenn eure Eltern was wollen,
Dann müßt ihr zum Trotz in die glühenden Kohlen fassen.
Und sagt nur ganz barsch: Sie sollen
Sich lieber und recht bald begraben lassen.

Afrikanisches Duell

Wenn dich der Paul oder jemand, den du kennst,
Schwein schimpft, oder wenn du ihn Rindvieh nennst,
Dann habt ihr euch beleidigt.
Dann müßt ihr afrikanisches Duell machen.
Ich bin der Schiedsrichter, der bei Ehrenwort euch vereidigt.
Niemand darf auch nur mit der Wimper lachen.

Jeder schweigt. Und ihr stellt euch dabei
Gegenüber. Mit sechs Handbreit Abstand. Und dann
Zähle ich langsam bis drei.
Darauf spuckt jeder dem anderen ins Gesicht
Möglichst so lange, bis der nicht mehr sehen kann.
Mich anspucken gilt aber nicht.

Wer zuerst sagt, er habe genug abgekriegt,
Der ist besiegt
Und muß sich von mir eine runterhauen lassen,
Ohne sich wehren oder mich anfassen.
Darauf dürft ihr euch nicht mehr hassen,
Sondern müßt euch bezähmen
Wie Männer von Ehre und Stand.
Jeder reicht dem andern die Hand,
Weil die Helden in Afrika sich wegen Spucke nicht schämen.

Sich interessant machen

(Für einen großen Backfisch)

Du kannst doch schweigen? Du bist doch kein Kind
Mehr! – Die Lederbände im Bücherspind
Haben, wenn du die umgeschlagenen Deckel hältst,
Hinten eine kleine Höhlung im Rücken.
Dort hinein mußt du weichen Käse drücken.
Außerdem kannst du Käsepropfen
Tief zwischen die Sofapolster stopfen.

Lasse ruhig eine Woche verstreichen.
Dann mußt du immer traurig herumschleichen.
Bis die Eltern nach der Ursache fragen.
Dann tu erst, als wolltest du ausweichen,
Und zuletzt mußt du so stammeln und sagen:
„Ich weiß nicht – ich rieche überall Leichen."

Deine Eltern werden furchtbar erschrecken
Und überall rumschnüffeln nach Leichengestank,
Und dich mit Schokolade ins Bett stecken.
Und zum Arzt sage dann: „Ich bin seelenkrank."

Nur laß dich ja nicht zum Lachen verleiten.
Deine Eltern – wie die Eltern so sind –
Werden bald überall verbreiten:
Du wärst so ein merkwürdiges, interessantes Kind.

Maikäfermalen

Setze Maikäfer in Tinte. (Es geht auch mit Fliegen.)
Zweierlei Tinte ist noch besser, schwarz und rot.
Laß sie aber nicht zu lange darin liegen,
Sonst werden sie tot.

Flügel brauchst du nicht erst auszureißen.
Dann mußt du sie alle schnell aufs Bett schmeißen.
Und mit einem Bleistift so herum treiben,
Daß sie lauter komische Bilder und Worte schreiben.
Bei mir schrieben sie einmal ein ganzes Gedicht.

Wenn deine Mutter kommt, mache ein dummes Gesicht,
Sage ganz einfach: „Ich war es nicht!"

An Berliner Kinder

Was meint ihr wohl, was eure Eltern treiben,
Wenn ihr schlafen gehen müßt?
Und sie angeblich noch Briefe schreiben.

Ich kann's euch sagen: da wird geküßt,
Geraucht, getanzt, gesoffen, gefressen,
Da schleichen verdächtige Gäste herbei.
Da wird jede Stufe der Unzucht durchmessen
Bis zur Papagei-Sodomiterei.
Da wird hasardiert um unsagbare Summen.
Da dampft es von Opium und Kokain.
Da wird gepaart, daß die Schädel brummen.
Ach schweigen wir lieber. – Pfui Spinne, Berlin!

Kindergebetchen

Erstes

Lieber Gott, ich liege
Im Bett. Ich weiß, ich wiege
Seit gestern fünfunddreißig Pfund.
Halte Pa und Ma gesund.
Ich bin ein armes Zwiebelchen,
Nimm mir das nicht übelchen.

Zweites

Lieber Gott, recht gute Nacht.
Ich hab noch schnell Pipi gemacht,
Damit ich von dir träume.
Ich stelle mir den Himmel vor
Wie hinterm Brandenburger Tor
Die Lindenbäume.
Nimm meine Worte freundlich hin,
Weil ich schon sehr erwachsen bin.

Kinder, spielt mit einer Zwirnrolle!

Gewaltigen Erfolg erzielt,
Wer eine große Rolle spielt.

Im Leben spielt zum Beispiel so
Ganz große Rolle der Popo.

Denkt nach, dann könnt ihr zwischen Zeilen
Auch mit geschlossenen Augen lesen,
Daß Onkel Ringelnatz bisweilen
Ein herzbetrunkenes Kind gewesen.

IV
SEEMANNSGARN
& MORSCHE FÄDEN
(1. Lage)

Kasperle

Seid ihr alle da?
Ja??
Dann schreit einmal hurra.
Denn, geliebte Kinder,
Ich bin der Kasperle und bin wieder da.
Bin vergnügt, seid ihr es auch.
Lacht ein Loch euch in den Bauch
aber gebt dabei recht acht,
Daß ihr nicht danebenlacht.

Die neuen Fernen

In der Stratosphäre,
Links vom Eingang, führt ein Gang
(Wenn er nicht verschüttet wäre)
Sieben Kilometer lang
Bis ins Ungefähre.

Dort erkennt man weit und breit
Nichts. Denn dort herrscht Dunkelheit.
Wenn man da die Augen schließt
Und sich langsam selbst erschießt,
Dann erinnert man sich gern
An den deutschen Abendstern.

Über meinen gestrigen Traum

Wie kam ich gerade auf ein Gestirn?
Du sagst: Ich stöhnte träumend ganz laut.
Vielleicht steigt die Phantasie ins Hirn,
Wenn der Magen verdaut.

Man sollte kurz vorm Schlafengehen
Nichts essen. Auch war ich gestern bezecht.
Doch warum träume ich immer nur schlecht,
Nie gut. Das kann ich nicht verstehen.

Ob auf der Seite, ob auf dem Rücken
Oder auf dem Bauch – –
Immer nur Schlimmes. „Alpdrücken."
Aber Name ist Schall und Rauch.

Meist von der Schule und vom Militär – –
Als ob ich schuldbeladen wär – –
Und wenn ich aufwache, schwitze ich
Und manchmal knie ich oder sitze ich,
Du weißt ja, wie neulich!
Oh, es ist greulich!

Warum man das überhaupt weitererzählt –
Hat doch niemand Vergnügen daran,
Weil man da freiheraus lügen kann. –
Aber so ein Traum quält.

Gestern hab ich noch anders geträumt:
Da waren etwa hundert Personen.
Die haben die Dachwohnung ausgeräumt,
Wo die Buchbinders wohnen.

Dann haben wir auf dem Dachsims getanzt.
Dann hast du mich, sagst du, aufgeweckt,
Und ich, sagst du, sagte noch träumend erschreckt:
„Ich habe ein Sternschnüppchen gepflanzt."

Ich weiß nur noch: ich war vom Dach
Plötzlich fort und bei dir und war wach.
Und du streicheltest mich wie ein Püppchen
Und fragtest mich – ach, so rührend war das –,
Fragtest mich immer wieder: „Was
Hast du gepflanzt!? Ein Sternschnüppchen?"

Hat jede Frucht ihren Samen

Hat jemand einen Traum erzählt.
Ein Dichter schuf daraus Dichtung.
Ein Maler hat die als Sujet gewählt
Für ein Bild in grotesker Belichtung.

Viel Tausende haben darüber gelacht.

Ein Wissenschaftler hat nachgedacht,
Hat anderem eine Idee vertraut.

Ein Praktiker experimentierte.
Und wieder ein andrer hat zugeschaut,
Hat anderwärts etwas fertiggebaut,
Was dann nicht funktionierte.

Und wieder lachten Tausende laut.

Nachdem noch viel gut, böse geschah,
Rief eines Tages das Volk: „Hurra!"
Denn die Erfindung war da.

Millionen Menschen benutzten sie froh.

Es steht ein Denkmal irgendwo,
Preist einen glücklichen Namen.

Hat jede Frucht ihren Samen.

Nach dem Gewitter

Der Blitz hat mich getroffen,
Mein stählerner, linker Manschettenknopf
Ist weggeschmolzen, und in meinem Kopf
Summt es, als wäre ich besoffen.

Der Doktor Berninger äußerte sich
Darüber sehr ungezogen:
Das mit dem Summen wär typisch für mich,
Das mit dem Blitz wär erlogen.

Abschiedsworte an Pellka

Jetzt schlägt deine schlimmste Stunde,
Du Ungleichrunde,
Du Ausgekochte, du Zeitgeschälte,
Du Vielgequälte,
Du Gipfel meines Entzückens.
Jetzt kommt der Moment des Zerdrückens
Mit der Gabel! – – Sei stark!
Ich will auch Butter und Salz und Quark
Oder Kümmel, auch Leberwurst in dich stampfen.
Mußt nicht so ängstlich dampfen.
Ich möchte dich doch noch einmal erfreun.
Soll ich auch Schnittlauch über dich streun?
Oder ist dir nach Hering zumut?
Du bist ein so rührend junges Blut. –
Deshalb schmeckst du besonders gut.
Wenn das auch egoistisch klingt,
So tröste dich damit, du wundervolle
Pellka, daß du eine Edelknolle
Warst und daß ein Kenner dich verschlingt.

Malerstunde

Mich juckts,
Doch ich kann mich nicht jucken,
Weil meine Finger voll Farbe sind.

Dabei habe ich den Schlucken.
Wenn ich den Pinsel – – Hupp schluckts.

In meinem Fliegenspind
Summt eine Fliege grollend,
Eingesperrt, hinauswollend.
Keine Fliege lebt von Worcester-Sauce.

Ach, Hunger tut weh.
Aber er schont die Hose
Und macht sie locker.
Ha! Jetzt habe ich eine Idee!
Weh! Aber keinen lichten Ocker.

Freiübung

Grundstellung

Wenn eine Frau in uns Begierden weckt
Und diese Frau hat schon ihr Herz vergeben,
Dann (Arme vorwärts streckt!),
Dann ist es ratsam, daß man sich versteckt.
Denn später (langsam auf die Fersen heben!),
Denn später wird uns ein Gefühl umschweben,
Das von Familiensinn und guten Eltern zeugt.
(Arme beugt!)
Denn was die Frau an einem Manne reizt
(Hüften fest – Beine spreizt! – Grundstellung),
Ist Ehrbarkeit. Nur die hat wahren Wert,
Auch auf die Dauer (ganze Abteilung kehrt!).
Das ist von beiden Teilen der begehrteste,
Von dem man sagt: (Rumpfbeuge) Das ist der
                                allerwertste.

Gewisse junge Burschen

Seltsam schauen diese Jungen ins Leben,
Davon sie gar nichts begreifen,
In einer Zeit, da sie gar nichts erleben
Und eben deshalb so gesund reifen.

Drückt kein Gewehr sie, auch kein Ranzen.
Ohne zu ahnen, wissen sie.
Ohne zu fragen, beherrschen und tanzen
Sie sicher jede Zurzeit-Melodie.

Wie lange wirds währen?
Wer ist der erste Rohling, der spricht,
Um sie aufzuklären?
Ich wagte es nicht.

Und ihre Mädchen, vom gleichen Jahr,
Meist jünger sogar,

Lassen sich gern scheinbar lenken
Und empfinden wunderbar:
Er gibt uns gar nichts zu denken.

Gönnt doch den jungen frischen
Tieren ihr freudiges Weichmaulgefräß.
Ihrem Zahnarzt entwischen
Sie doch nicht. Bestimmungsgemäß.

Neben mir, still, vom Ball abgewandt,
Steht so einer dergleichen.
Ich möchte so gern aus der flachen Hand
Ihm ein Stück Zucker reichen.

Kunstgewerbe

Ein blauer Hund mit gelben Ohren
Wurde in einem Atelier geboren.
Weil er naturfremd originell
Wie jene Mutter war, die ihn gebar,
Vermehrte er sich populär sehr schnell
Und brachte Geld, und viel sogar.

Ein andres Suchweib, gleichfalls von Beruf
Originell, erdachte sich und schuf
Aus Ton ein Mäuschen, witzig zart und schlicht,
Sehr künstlerisch; das reüssierte nicht.
Bis wahre Künstler es entdeckten
Und kauften von sechs Exemplaren vier.
Nun seh ich überall dies Mäusetier.
Es glotzt, es kotzt mich an aus Gips,
Aus Bronze, Ton. Ein Mäuseplagenippes.

Ich bitte dich: Wenn ich dereinst mal sterbe,
Tu meine Asche nicht in Kunstgewerbe.

Bumerang

War einmal ein Bumerang;
War ein Weniges zu lang.
Bumerang flog ein Stück,
Aber kam nicht mehr zurück.
Publikum – noch stundenlang –
Wartete auf Bumerang.

V
SEEMANNSGARN
& MORSCHE FÄDEN
(2. Lage)

Während der Riesenwelle

Seht ihr mich? Und spürt ihr nicht den Wind,
Den ich mache? Ja, das ist gefährlich!
Aber mir, dem alten Seemann, sind
Riesenwellen eben unentbehrlich.

Käme mir jetzt einer in die Speichen
(Wär es auch ein Riese aus Granit),
Würde er doch damit nur erreichen,
Daß ich ihn in dünne Scheiben schnitt.

Aber nicht die Herstellung von Scheiben
Denk ich mir als Lebenszweck. O nein!
Eine Sägemühle möcht ich treiben,
Möcht ein Schwungrad für Dynamo sein.

Wenn ich plötzlich jetzt die Hände strecke
(Und ich habe ähnliches im Sinn),
Ja dann – splittert augenblicks die Decke,
Und der Wellenriese – ist dahin.

Blindschl

Ich hatte einmal eine Liebschaft mit
Einer Blindschleiche angefangen;
Wir sind ein Stück Leben zusammen gegangen
Im ungleichen Schritt und Tritt.

Die Sache war ziemlich sentimental.
In einem feudalen Thüringer Tal
Fand ich – nein glaubte zu finden – einmal
Den ledernen Handgriff einer
Damenhandtasche. Er war aber keiner.

Ich nannte sie „Blindschl". Sie nannte mich
Nach wenigen Tagen schon „Eicherich"
Und dann, denn sie war sehr gelehrig,
Verständlicher abgekürzt, „Erich".

Allmittags haben gemeinsam wir
Am gleichen Tische gegessen,
Sie Regenwürmer mit zwei Tropfen Bier,
Ich totere Delikatessen.

Sie opferte mir ihren zierlichen Schwanz.
Ich lehrte sie überwinden
Und Knoten schlagen und Spitzentanz,
Schluckdegen und Selbstbinder binden.

Sie war so appetitlich und nett,
Sie schlief Nacht über in meinem Bett
Als wie ein kühlender Schmuckreif am Hals,
Metallisch und doch so schön weichlich.
Und wenn ihr wirklich was schlimmstenfalls
Passierte, so war es nie reichlich.

Kein Sexuelles und keine Dressur.
Ich war ihr ein Freund und ein Lehrer,
Was keiner von meinen Bekannten erfuhr;
Wer mich besuchte, der sah sie nur
Auf meinem Schreibtisch steif neben der Uhr
Als bronzenen Briefbeschwerer.

Und Jahre vergingen. Dann schlief ich einmal
Mit Blindschl und träumte im Betti
(Jetzt werde ich wieder sentimental)
Gerade, ich äße Spaghetti.

Da kam es, daß irgendwas aus mir pfiff.
Mag sein, daß es fürchterlich krachte.
Fest steht, daß Blindschl erwachte
Und – sie, die sonst niemals muckte –
Wild züngelte, daß ich nach ihr griff
Und sie, noch träumend, verschluckte.

Es gleich zu sagen: Sie ging nicht tot.
Sie ist mir wieder entwichen,
Ist in die Wälder geschlichen
Und sucht dort einsam ihr täglich Brot.

Vorbei! Es wäre – ich bin doch nicht blind –
Vergebens, ihr nachzuschleichen.
Weil ihre Wege zu dunkel sind.
Weil wir einander nicht gleichen.

Logik

Die Nacht war kalt und sternenklar,
Da trieb im Meer bei Norderney
Ein Suahelischnurrbarthaar. –
Die nächste Schiffsuhr wies auf drei.

Mir scheint da mancherlei nicht klar,
Man fragt doch, wenn man Logik hat,
Was sucht ein Suahelihaar
Denn nachts um drei am Kattegatt?

Einem Kleingiftigen

Vielleicht, daß ein Unverstandenes
Oder ein gar nicht Vorhandenes
Dich verdroß.
Und nun möchtest du heimlich erschießen
Und noch den Schrei genießen:
„Das war Tells Geschoß!"

Aber ein Pups ist kein Blitz.
Du mußt dich schon anders entladen.
Du mußt deinen eigenen Schaden
Riskieren und Mut verraten
Oder wenigstens Witz.

Wars aber eine erkannte, bestimmte
Angelegenheit, die dich ergrimmte,
Etwa was Ungerechtes –
Ach, wieviel Schlechtes
Tatest du?!
Und klapptest stillschweigend den Deckel zu.

Hau doch in den Kartoffelsalat,
Daß die Sauce spritzt.
Das ist ein schlechter Soldat,
Der Blut erträumt
Und Rache schwitzt
Und vor Wut schäumt
Und dabei auf dem Lokus sitzt.

Oder leg deinen Zorn, wenn du willst
Als etwas Echtes, wenn auch nicht Stubenreines,
An deine eigene Brust, daß du ihn stillst
Wie eine Mutter ihr Kleines.

Nach eines Jahrmarkts letzter Nacht
Ist in wenigen Stunden
Eine ganze Stadt voll blendender Zauberpracht
Kläglich verschwunden.

Der Bücherfreund

Ob ich Biblio- was bin?
Phile? „Freund von Büchern" meinen Sie?
Na, und ob ich das bin!
Ha! und wie!

Mir sind Bücher, was den andern Leuten
Weiber, Tanz, Gesellschaft, Kartenspiel,
Turnsport, Wein, und weiß ich was, bedeuten.
Meine Bücher – – – wie beliebt? Wieviel?

Was, zum Henker, kümmert mich die Zahl.
Bitte, doch mich ausreden zu lassen.
Jedenfalls: Vielmehr, als mein Regal
Halb imstande ist zu fassen.

Unterhaltung? Ja, bei Gott, das geben
Sie mir reichlich. Morgens zwölfmal nur
Nüchtern zwanzig Brockhausbände heben – – –
Hei! Das gibt den Muskeln die Latur.

Oh, ich mußte meine Bücherei,
Wenn ich je verreiste, stets vermissen.
Ob ein Stuhl zu hoch, zu niedrig sei,
Sechzig Bücher sind wie sechzig Kissen.

Ja natürlich auch vom künstlerischen
Standpunkt. Denn ich weiß die Rücken
So nach Gold und Lederton zu mischen,
Daß sie wie ein Bild die Stube schmücken.

Äußerlich? Mein Bester, Sie vergessen
Meine ungeheure Leidenschaft,
Pflanzen fürs Herbarium zu pressen.
Bücher lasten. Bücher haben Kraft.

Junger Freund, Sie sind recht unerfahren,
Und Sie fragen etwas reichlich frei.
Auch bei andern Menschen als Barbaren
Gehen schließlich Bücher mal entzwei.

Wie? – ich jemals auch in Büchern – lese??
Oh, Sie unerhörter Ese – – –
Nein, pardon! – Doch positus, ich säße
Auf dem Lokus und Sie harrten
Draußen meiner Rückkehr, ach dann nur
Ja nicht länger auf mich warten.
Denn der Lokus ist bei mir ein Garten,
Den man abseits ohne Zeit und Uhr
Düngt und erntet dann Literatur.

Bücher – Nein, ich bitte Sie inständig:
Nicht mehr fragen! Laß dich doch belehren!
Bücher, auch wenn sie nicht eigenhändig
Handsigniert sind, soll man hoch verehren.

Bücher werden, wenn man will, lebendig.
Über Bücher kann man ganz befehlen.
Und wer Bücher kauft, der kauft sich Seelen,
Und die Seelen können sich nicht wehren.

Zinnfiguren

Die Zinnfiguren sind
Verbindung zwischen Kunst und Kind.
Sie schildern alle Zeiten.

Da schreiten, stehn und reiten
Klein-märchenbunt aus jedem Land:
Indianer, Ritter, Sachsen,
Und was der Schöpfer sonst erfand.

Auch Bäume, schön gewachsen,
Auch Häuser, Schiffe, Eisenbahn,
Flugzeuge, Autos, Pelikan
Wie jedes andere Getier;
Kurz: Allerlei und Jederlei
Ist hier –
Studiert nach Farbe, Form und Sinn –
Schön ausgeprägt in Zinn.

Mitunter ist das Zinn aus Blei.

Sinnvoll, mit Liebe aufgestellt,
Zeigt das im Kleinen große Welt.

Wenn das uns Alten noch gefällt,
Will das für mich bedeuten:
Die Zinnfiguren sind
Verbindung zwischen Kunst und Kind
Und uns, den alten Leuten.

Ringkampf

Gibson (sehr nervig), Australien,
Schulze, Berlin (ziemlich groß).
Beißen und Genitalien
Kratzen verboten. – Nun los!

Ob sie wohl seelisch sehr leiden?
Gibson ist blaß und auch Schulz.
Warum fühlen die beiden
Wechselnd einander den Puls?

Ängstlich hustet jetzt Gibson.
Darauf schluckt Schulze Cachou.
Gibson will Schulzen jetzt stipsen.
Ha! Nun greifen sie zu.

Packen sich an, auf, hinter, neben, in,
Über, unter, vor und zwischen,
Statt, auch längs, zufolge, trotz
Stehen auf die Frage wessen.
Doch ist hier nicht zu vergessen,
Daß bei diesen letzten drei
Auch der Dativ richtig sei.

(Pfeife des Schiedsrichters.)

Wo sind die Beine von Schulze?
Wem gehört denn das Knie?
Wirr wie lebende Sulze
Mengt sich die Anatomie.

Ist das ein Kopf aus Australien?
Oder Gesäß aus Berlin?
Jeder versucht Repressalien,
Jeder läßt keinen entfliehn.

Hat sich der Schiedsmann bemeistert,
Lange parteilos zu sein;
Aber nun brüllt er begeistert:
„Schulze, stell ihm ein Bein!

Zwinge den Mann mit den Nerven
Nieder nach Sitte und Jus.
Kannst du dich über ihn werfen
Just wie im Koi, dann tus!"

Das scheue Wort

Es war ein scheues Wort.
Das war ausgesprochen
Und hatte sich sofort
Unter ein Sofa verkrochen.

Samstag, als Berta das Sofa klopfte,
Flog es in das linke, verstopfte
Ohr von Berta. Von da aus entkam es.
Ein Windstoß nahm es,
Trug es weit und dann hoch empor.
Wo es sich in das halbe bange
Gedächtnis eines Piloten verlor.

Fiel dann an einem Wiesenhange
Auf eine umarmte Arbeiterin nieder,
Trocknete deren Augenlider.
Wobei ein Literat es erwischte
Und, falsch belauscht,
Eitel aufgebauscht,
Mittags dann seichten Fressern auftischte.

Und das arme, mißbrauchte,
Zitternde scheue Wort
Wanderte weiter und tauchte
Wieder auf, hier und dort.
Bis ein Dichter es sanft einträumte,
Ihm ein stilles Palais einräumte. –

Kam aber sehr bald ein Parodist
Mit geschäftlich sicherem Blick,
Tauchte das Wort mit Speichel und Mist
In einen Abguß gestohlner Musik.

So ward es publik.
So wurde es volkstümlich laut.
Und doch nur sein Äußeres, seine Haut,
Das Klangliche und das Reimliche.
Denn das Innerste Heimliche
An ihm war weder lauschend noch lesend
Erreichbar, blieb öffentlich abwesend.

Wie mag er aussehen?

Wer hat zum Steuerbogenformular
Den Text erfunden?
Ob der in jenen Stunden,
Da er dies Wunderwirr gebar,
Wohl ganz – – – oder total – – war?

Du liest den Text. Du sinnst. Du spinnst.
Du grinst – „Welch Rinds" – Und du beginnst
Wieder und wieder. – Eisigkalt
Kommt die Vision dir, „Heilanstalt".

Für ihn? Für dich? – Dein Witz erblaßt.
Der Mann, der jenen Text verfaßt,
Was mag er dünkeln oder wähnen?
Ahnt er denn nichts von Zeitverlust und Tränen?

Wir kommen nie auf seine Spur.
Und er muß wohl so sein und bleiben.
Auf seinen Grabstein sollte man nur
Den Text vom Steuerbogen schreiben.

Schenken

Schenke groß oder klein,
Aber immer gediegen,
Wenn die Bedachten
Die Gabe wiegen,
Sei dein Gewissen rein.

Schenke herzlich und frei.
Schenke dabei,
Was in dir wohnt
An Meinung, Geschmack und Humor,
So daß die eigene Freude zuvor
Dich reichlich belohnt.

Schenke mit Geist ohne List.
Sei eingedenk,
Daß dein Geschenk
Du selber bist.

Morsche Fäden

Zu einem Trödler
Kam ein Greis mit einer sauern
Gurke,
Sprach: „Ich bin ein Gnadenbrötler
Bei einem Bauern.
Der ist ein Schurke.

Diese Gurke bringe ich aus Not.
Kleine Knöpfe möchte ich dafür.
Denn man kann sich nicht mit Gnadenbrot
Knöpfe kaufen für die Hosentür."

Und der Trödlersmann verschmähte
Nicht die Gurke noch des Greises Wort,
Denn der kam ihm sehr bedürftig vor,
Sondern bückte sich und nähte
Hundert goldne Knöpfe ihm sofort
Eigenhändig an das Hosentor.

Und der Greis sprach: „Danke" und verneigte
Sich und ging mit offnem Hosenlatz
Selig durch die Straßen, und er zeigte
Allen Menschen seinen goldnen Schatz.

Bis ihn schließlich ein gewisses
Schicksal in ein Irrenhaus berief,
Ob Erregung öffentlichen Ärgernisses.
Bis er Knöpfe schluckte und entschlief.

VI
UND IM BERNSTEIN
TRÄUMEN FLIEGEN

Seepferdchen

Als ich noch ein Seepferdchen war,
Im vorigen Leben,
Wie war das wonnig, wunderbar
Unter Wasser zu schweben.
In den träumenden Fluten
Wogte, wie Güte, das Haar
Der zierlichsten aller Seestuten,
Die meine Geliebte war.
Wir senkten uns still oder stiegen,
Tanzten harmonisch umeinand,
Ohne Arm, ohne Bein, ohne Hand,
Wie Wolken sich in Wolken wiegen.
Sie spielte manchmal graziöses Entfliehn,
Auf daß ich ihr folge, sie hasche,
Und legte mir einmal im Ansichziehn
Eierchen in die Tasche.
Sie blickte traurig und stellte sich froh,
Schnappte nach einem Wasserfloh
Und ringelte sich
An einem Stengelchen fest und sprach so:
Ich liebe dich!
Du wieherst nicht, du äpfelst nicht,
Du trägst ein farbloses Panzerkleid
Und hast ein bekümmertes altes Gesicht,
Als wüßtest du um kommendes Leid.
Seestütchen! Schnörkelchen! Ringelnaß!
Wann war wohl das?
Und wer bedauert wohl später meine restlichen Knochen?
Es ist beinahe so, daß ich weine –
Lollo hat das vertrocknete, kleine
Schmerzverkrümmte Seepferd zerbrochen.

Steine am Meeresstrand

Steine schaumumtollt,
Zornig ausgerollt
Über Steine. –
Freiheit, die ich meine,
Gibt es keine.

Stille nun. Entbrandet
Ruht ihr, feucht umsandet,
Unzählbar gesellt,
Von der Zeit geschliffen
Oder kampfentstellt. –
Alle von der Welt
Lange rauh begriffen,
Schweigt ihr. – Ihr begreift die Welt.

Wie ich euch sortiere,
Spielerisch verführt:
Früchte, Götzen, Tiere,
Wie es Phantasie so legt,
Habt ihr in mir aufgerührt,
Was seit Kindheit mich bewegt.

Spitze, trübe, glatte, reine,
Platte, freche, winzig kleine,
Ausgehöhlte, fette Steine,
Plumpe, schiefe, trotzig große –

Ja ihr predigt ernst wie froh,
Meistens simpel, oft apart,
Weit umgrenzte, willenlose
Freiheit. – Predigt ebenso
Fromm wie hart.

Insel Hiddensee

Kühe weiden bis zum Rande,
Großer Tümpel, wo im Röhricht
Kiebitz ostert. – Nackt im Sande
Purzeln Menschen, selig töricht.

Und des Leuchtturms Strahlen segnen
Eine freundliche Gesundheit.

Andrerseits: Vor steiler Küste
Stürmen Wellen an und fliehen. –
Nach dem hohen Walde ziehen
Butterbrote und Gelüste.

Fischerhütten, schöne Villen
Grüßen sich vernünftig freundlich.
Steht ein Häuschen in der Mitte,
Rund und rührend zum Verlieben.
„Karusel" steht angeschrieben.
Dieses Häuschen zählt zu Vitte.

Asta Nielsen – Grischa Chmara,
Unsre Dänin und der Russe –.

Auf dem Schaukelpolster wiegen
Sich zwei Künstler deutsch umschlungen. –
Gar kein Schutzmann kommt gesprungen. –
Doch im Bernstein träumen Fliegen.

Um die Insel rudern, dampfen,
Treiben, kämpfen Boote, Bötchen.

Ein Stück Bierflasche

Eine Bierflasche ging in Scherben
Am Stein am See.
Dem Manne, der sie warf,
Brachte dieser Wurf Verderben,
Besser gesagt: ein Fuß-Wehweh.
Glasscherben sind spitz und scharf.

Eine Scherbe, nicht die just gemeinte,
Reiste unfreiwillig strömungsfort.
Diese ward vom Meeresgrundesand
So gequält, daß alles Wasser weinte.
Nach Jahrenden trieb sie an den Strand,
Fernen Strand; war völlig glatt geschliffen.

Hat ein Badestrolch sie aufgegriffen,
Merkte gleich, daß sie kein Bernstein war,
Und ließ doch das funkelschöne Ding
Kunstvoll fassen in einen Ring.

Und vererbt, gestohlen, hingegeben
Mag die Scherbe durch Jahrhunderte
Als verkannte, aber doch bewunderte
Abenteurerin noch viel erleben.

Schwebende Zukunft

Habt ihr einen Kummer in der Brust
Anfang August,
Seht euch einmal bewußt
An, was wir als Kinder übersahn.

Da schickt der Löwenzahn
Seinen Samen fort in die Luft.
Der ist so leicht wie Duft
Und sinnreich rund umgeben
Von Faserstrahlen, zart wie Spinneweben.

Und er reist hoch über euer Dach,
Von Winden, schon vom Hauch gepustet.
Wenn einer von euch hustet,
Wirkt das auf ihn wie Krach,
Und er entweicht.

Luftglücklich leicht.
Wird sich sanft wo in Erde betten.
Und im Nächstjahr stehn
Dort die fetten, goldigen Rosetten,
Kuhblumen, die wir als Kind übersehn.

Zartheit und Freimut lenken
Wieder später deren Samen Fahrt.
Flöge doch unser aller Zukunftsdenken
So frei aus und so zart.

Bleibt uns und treibt uns

Was Sehnsucht durch ein Loch im Bretterzaun
In deiner Jugend sah,
Nun steht es vor dir, hoch und herb und braun
Und schön bewegt und dir ganz nah.

Doch da du zartest danach greifen willst,
Ist eine starre Wand aus Glas dazwischen –
Ein Durst entschwindet, den du nimmer stillst,
Hell wie Millionenglanz von Silberfischen.

Komm, sage mir, was du für Sorgen hast

Es zwitschert eine Lerche im Kamin,
Wenn du sie hörst.
Ein jeder Schutzmann in Berlin
Verhaftet dich, wenn du ihn störst.

Im Faltenwurf einer Decke
Klagt ein Gesicht,
Wenn du es siehst.
Der Posten im Gefängnis schießt,
Wenn du als kleiner Sträfling ihm entfliehst.
Ich tät es nicht.

In eines Holzes Duft
Lebt fernes Land.
Gebirge schreiten durch die blaue Luft.
Ein Windhauch streicht wie Mutter deine Hand.
Und eine Speise schmeckt nach Kindersand.

Die Erde hat ein freundliches Gesicht,
So groß, daß mans von weitem nur erfaßt,
Komm, sage mir, was du für Sorgen hast.
Reich willst du werden? – Warum bist dus nicht?

Herbst

Eine trübe, kaltfeuchte Wagenspur:
Das ist die herbstliche Natur.
Sie hat geleuchtet, geduftet und trug
Ihre Früchte. – Nun ausgeglichen,
Hat sie vom Kämpfen und Wachsen genug. –
Scheints nicht, als wäre alles Betrug
Gewesen, was ihr entwichen?!

Das Händesinken in den Schoß,
Das Unbunte und Leise,
Das ist so schön, daß es wiederjung
Beginnen kann, wenn Erinnerung
Es nicht klein macht, sondern weise.

Ein Nebel blaut über das Blätterbraun,
Das zwischen den Bäumen den Boden bedeckt.

Wenn ihr euren Herbst entdeckt:
Dann seid darüber nicht traurig ihr Fraun.

Im Weinhausgarten

Es funkelt ein Weinchen,
Landwein oder Edelwein.
Es blitzt ein Steinchen,
Sandstein oder Edelstein.
Es schimmert unter feuchten
Wimpern wie Wiederbelebung.
Auch Schatten leuchten
In schwärzrer Umgebung.
Es strahlen aus Lampenlicht
Widerscheinchen kreuz und quer.

Es ist in jedem Gesicht ein schönes Gesicht,
Manchmal erkennt mans nicht mehr.

Sinnender Spatenstich

Unter der Erde murkst etwas,
Unter der Erde auf Erden.
Pitschert, drängelt. – Was will das
Ding oder was wird aus dem Ding,
Das doch in sich anfing, einmal zu werden??

Knolle, Puppe, Keim jeder Art
Hält die Erde bewahrt,
Um sie vorzubereiten
Für neue Zeiten.

Die Erde, die so viel Gestorbenes deckt,
Gibt dem Abfall, auch Sonderlingen
Asyl und Ruhe und Schlaf. Und erweckt
Sie streng pünktlich zu Zwiebeln, zu Schmetterlingen.
Zu Quellen, zu Kohlen – – –

Unter der Erde murkst ein Ding,
Irgendwas oder ein Engerling.
Zappelt es? Tickt es? Erbebt es? –
Aber eines Tages lebt es.

Als turmaufkletternde Ranke,
Als Autoöl, als Gedanke – – –

Fäule, Feuchtigkeit oder feiner Humor
Bringen immer wieder Leben hervor.

Natur

Wenn immer sie mich fragen,
Ob ich ein Freund sei der Natur,
Was soll ich ihnen nur
Dann sagen?

Ich kann eine Bohrmaschine,
Einen Hosenträger oder ein Kind
So lieben wie Blumen oder Wind.

Ein Sofa ist entstanden,
So wie ein Flußbett entstand,
Wo immer Schiffe landen,
Finden sie immer nur Land.

Es mag ein holder Schauer
Nach einem Erlebnis in mir sein.
Ich streichle eine Mauer
Des Postamts. Glatte Mauer aus Stein.

Und keiner von den Steinen
Nickt mir zurück.

Und manche Leute weinen
Vor Glück.

VII
SCHENK MIR DEIN HERZ
FÜR 14 (VIERZEHN) TAGE

Letztes Wort an eine Spröde

Wie ich bettle und weine –
Es ist lächerlich.
Schließe deine Beine!
Ich liebe dich.

Schließe deine Säume
Oben und unten am Rock.
Was ich von dir träume,
Träumt ein Bock.

Sage: Ich sei zu dreist.
Zieh ein beleidigtes Gesicht.
Was „Ich liebe dich" heißt,
Weiß ich nicht.

Zeige von deinen Beinen
Nur die Konturen kokett.
Gehe mit einem gemeinen,
Feschen Heiratsschwindler zu Bett.

Finde ich unten im Hafen
Heute ein hurendes Kind,
Will ich bei ihr schlafen;
Bis wir fertig sind.

Dann: – die Türe klinket
Leise auf und zu.
Und die Hure winket –
Glücklicher als du.

Das Mädchen mit dem Muttermal

Woher sie kam, wohin sie ging,
Das hab ich nie erfahren.
Sie war ein namenloses Ding
Von etwa achtzehn Jahren.
Sie küßte selten ungestüm.
Dann duftete es wie Parfüm
Aus ihren keuschen Haaren.

Wir spielten nur, wir scherzten nur;
Wir haben nie gesündigt.
Sie leistete mir jeden Schwur
Und floh dann ungekündigt,
Entfloh mit meiner goldnen Uhr
Am selben Tag, da ich erfuhr,
Man habe mich entmündigt.

Verschwunden war mein Siegelring
Beim Spielen oder Scherzen.
Sie war ein zarter Schmetterling.
Ich werde nie verschmerzen,
Wie vieles Goldenes sie stahl,
Das Mädchen mit dem Muttermal
Zwei Hand breit unterm Herzen.

Noctambulatio

Sie drückten sich schon beizeiten
Fort aus dem Tanzlokal
Und suchten zu beiden Seiten
Der Straße das Gast- und Logierhaus Continental.

So dringlich: Man hätte können glauben,
Er triebe sie vorwärts wie ein Rind.
Und doch handelten beide im besten Glauben.
Er wollte ihr nur die Unschuld rauben.
Sie wollte partout von ihm ein Kind.

Da geschah es, etwa am Halleschen Tor,
Daß Frieda über dem Knutschen und Schmusen
Aus ihrem hitzig gekitzelten Busen
Eine zertanzte, verdrückte Rose verlor.

Und ein sehr feiner Herr, dessen Eleganz
Nicht so rumtoben tut, folgte den beiden.
Jedoch hielt er sich vornehm bescheiden
Immer in einer gewissen Distanz.

Er wollte ursprünglich zum Bierhaus Siechen.
Aber nun hemmte er seinen Lauf,
Zog die Handschuh aus, hob die Rose auf
Und begann langsam daran zu riechen.

Er wünschte aber keinen Augenblicksgenuß;
Deshalb stieg er mit der Rose in den Omnibus.
Derweilen war Frieda mit ihrem Soldaten
Auf einen Kinderspielplatz geraten.

Dort merkten sie nicht, wie die Nacht verstrich
Und daß ein unruhiger Mann mit einem Spaten
Sie dauernd beschlich.
Als sich nach längerem Aufenthalt
Das Paar in der Richtung zur Gasanstalt
Mit kurzen, trippelnden Schritten verlor,

Sprang der unruhige Mann plötzlich hervor.
Und fing an, eine Stelle, wo er im Sand
Die Spur von Friedas Stiefelchen fand,
Mit seinem Spaten herauszuheben.
Worauf er behutsam mit zitternder Hand
Die feuchte Form in ein Sacktuch band,
Um sich dann leichenblaß heimzubegeben.

Wie um das dünmste Mädchen
Sich sonderbare Fädchen
Nachts durch die Straßen ziehn -
Die Dichter und die Maler
Und auch die Kriminaler,
Die kennen ihr Berlin.

An Gabriele B.

Schenk mir dein Herz für vierzehn Tage,
Du weit ausschreitendes Giraffenkind,
Auf daß ich ehrlich und wie in den Wind
Dir Gutes und Verliebtes sage.

Als ich dich sah, du lange Gabriele,
Hat mich ein Loch in deinem Strumpf gerührt,
Und ohne daß dus weißt, hat meine Seele
Durch dieses Loch sich bei dir eingeführt.
Verjag sie nicht und sage: „Ja!"
Es war so schön, als ich dich sah.

Begegnung

So viele schöne Pfirsiche sind,
In die niemand beißt.

Die Gier kann auch ein verschämtes Kind
Sein. Was du nicht weißt.
Ohne Lüge kann ich mancherlei
Dir sagen, klänge dir wie Gold.
Doch zeigte ich mein Wahrstes ganz frei,
Wärest du mir nicht mehr hold.

Mädchen, versäume dich nicht
Und hüte dich vor List!
Ich aber träume dich,
Wie du gar nicht bist.

Gnädige Frau, bitte trösten Sie mich

Gnädige Frau, bitte trösten Sie mich
Über mein inneres Grau:
Das ist kein Scharwenz um ein Liebedich. –
Gnädige Frau, seien Sie gnädige Frau.

Mein Herz ward arm, meine Nacht ist schwer,
Und ich kann den Weg nicht mehr finden. –
Was ich erbitte, bemüht Sie nicht mehr
Als wenn Sie ein Sträußchen binden.

Es kann ein Streicheln von euch, ein Hauch
Tausend drohende Klingen verbiegen.

Gnädige Frau,
Euer Himmel ist blau!

Ich friere. Es ist so lange kein Rauch
Aus meinem Schornstein gestiegen.

Alter Mann spricht junges Mädchen an

Guten Tag! – Wie du dich bemühst,
Keine Antwort auszusprechen.
„Guten Tag" in die Luft gegrüßt,
Ist das wohl ein Sittlichkeitsverbrechen?

Jage mich nicht fort.
Ich will dich nicht verjagen.
Nun werde ich jedes weitere Wort
Zu meinem Spazierstock sagen:

Sprich mich nicht an und sieh mich nicht,
Du Schlankes.
Ich hatte auch einmal ein so blankes,
Junges Gesicht.

Wie viele hatten,
Was du noch hast.
Schenke mir nur deinen Schatten
Für eine kurze Rast.

Madonnengesichter

Schwer zu ertragen
Ist Dummheit, wenn sie verschlagen
Ist oder sich überhebt.
Aber im Grunde der Dummheit lebt
Das wehrlos Naive.

Der Dummheit schöne Tiefe
Ist kein Loch
Hat sie doch
Keinen richtigen Rand
Wie etwa Löcher in Strumpf, Flöte, Sand.

Huren, sich einsam zur Weihnacht berauschend;
Wassermädchen, den Gästen lauschend;
Mägde, die wartend vorm Hause stehn,
Können ergreifend schön aussehn.

Je mehr Verzicht
Aus der Dummheit spricht,
Desto tiefer neigt,
Desto höher steigt
Sie. – Warum zagt der Dichter
Vor dem Titel „Madonnengesichter"?

Volkslied

Wenn ich zwei Vöglein wär
Und auch vier Flügel hätt,
Flög die eine Hälfte zu dir.
Und die andere, die ging auch zu Bett,
Aber hier zu Haus bei mir.

Wenn ich einen Flügel hätt
Und gar kein Vöglein wär,
Verkaufte ich ihn dir
Und kaufte mir dafür ein Klavier.

Wenn ich kein Flügel wär
(Linker Flügel beim Militär)
Und auch keinen Vogel hätt,
Flög ich zu dir.
Da's aber nicht kann sein,
Bleib ich im eignen Bett
Allein zu zwein.

Ferngruß von Bett zu Bett

Wie ich bei dir gelegen
Habe im Bett, weißt du es noch?
Weißt du noch, wie verwegen
Die Lust uns stand? Und wie es roch?

Und all die seidenen Kissen
Gehörten deinem Mann.
Doch uns schlug kein Gewissen.
Gott weiß, wie redlich untreu
Man sein kann.

Weißt du noch, wie wirs trieben,
Was nie geschildert werden darf?
Heiß, frei, besoffen, fromm und scharf.
Weißt du noch, daß wir uns liebten?
Und noch lieben?

Man liebt nicht oft in solcher Weise.
Wie fühlvoll hat dein spitzer Hund bewacht.
Ja unser Glück war ganz und rasch und leise.
Nun bist du fern.
Gute Nacht.

Meine erste Liebe?

Erste Liebe? Ach, ein Wüstling, dessen
Herz so wahllos ist wie meins, so weit,
Hat die erste Liebe längst vergessen,
Und ihn interessiert nur seine Zeit.

Meine letzte Liebe zu beschreiben,
Wäre just so leicht wie indiskret.
Außerdem? Wird sie die letzte bleiben,
Bis ihr Name in der „Woche" steht?

Meine Abenteuer in der Minne
Müssen sehr gedrängt gewesen sein.
Wenn ich auf das erste mich besinne,
Fällt mir immer noch ein frühres ein.

VIII
SCHIFFER-SENTIMENT

Schiffer-Sentiment

Gelb das Wasser und der Himmel grau.
Neben mir hockt eine alte Wachtel,
Alte Dame oder alte Frau,
Zählt zum zehnten Male ganz genau
Geld aus einer Zigarettenschachtel.

Grog tut wohl und alte Frau tut weh.
Ich muß fort. Ich stoße meinen Kutter
Ungern in die trübe, gelbe,
Ganz genau so mißgelaunte See. –

Liebe Zeit! Es ist doch stets dieselbe,
Jedermanns arme alte Mutter.

Der Seriöse

Wo ich abends Weißwürste fresse,
Da sitzt oft drei Tische weit
Vor mir ein Herr von Noblesse,
Sehr groß, sehr ernst und sehr breit.

Sein Haar und Bart, seine Kleidung
Sind einwandfrei und gepflegt,
Wie er unter steter Vermeidung
Sich einwandfrei sicher bewegt.

Wie ihn die Kellner bedienen,
Ist er ein Fürst oder reich.
Doch bleibt das Spiel seiner Mienen
Jederzeit würdig und gleich.

Wenn diese würdig seriöse
Erscheinung vorübergeht,
Dann ist mir, als ob mein Gekröse
In Hirn und Leib sich verdreht.

Denn, wenn er mit seinen Blicken
Mich streifte – das fühle ich klar –,
Ich würde zusammenknicken
Und nimmer sein, was ich war.

Doch ohne seitwärts zu schauen,
Schreitet er durchs Lokal.
Seine gerunzelten Brauen –
Wie alles an ihm – sind Stahl.

Und seine Schritte lenken
Sich dahin, wohin man nicht sieht.
Ich wage nicht auszudenken,
Was er dort etwa vollzieht.

Ach, ich bin klein, ich bin böse.
Mein Herz ist auch nicht ganz rein.
Ach dürfte ich solche seriöse
Persönlichkeit einmal sein!

Blues

Wenn du nicht froh kannst denken,
Obwohl nichts Hartes dich bedrückt,
Sollst du ein Blümchen verschenken,
Aufs Geratewohl von dir gepflückt.

Irgendein staubiger, gelber –
Seis Hahnenfuß – vom Wegesrand
Und schenke das Blümchen dir selber
Aus linker Hand an die rechte Hand.

Und mache dir eine Verbeugung
Im Spiegel und sage: „Du,
Ich bin der Überzeugung,
Dir setzt man einzig schrecklich zu.

Wie wärs, wenn du jetzt mal sachlich
Fleißig einfach arbeiten tätst?
Später prahle nicht und jetzt lach nicht,
Daß du nicht in Übermut gerätst."

Viel gesiebt

Ich habe versucht, einen Wind einzufangen.
Aber ich fand das Gefangene nicht.

Ich bin durch tiefe Wälder gegangen,
Wo der Wind ganz tief mit den Wipfeln spricht,
Wipfeln von ganz hohen Kiefern.
Ich sah im Moos eine Bierflasche liegen.
Wenn ich einem Bierversand
Die würde abliefern,
Bekäme ich zehn Pfennige Pfand.

Ich habe versucht, das viele Versuchen
Ganz aufzugeben.

Ich nahm einer Wanze das Leben,
Die mich nur gejuckt hat. – –

Unsereiner
Wird immer kleiner,
Je tiefer er ins Leben geguckt hat.

Am Sachsenplatz: Die Nachtigall

Es sang eine Nacht . . .
Eine Nachti . . .
Ja Nachtigall am Sachsenplatz
Heute morgen. – Hast du in Berlin
Das je gehört? – Sie sang, so schien
Es mir, für mich, für Ringelnatz.

Und gab mir doch Verlegenheit,
Weil sie dasselbe Jauchzen sang,
Das allen Dichtern früherer Zeit
Durchs Herz in ihre Verse klang.
In schöne Verse!

Nachtigall
Besuche bitte ab und zu
Den Sachsenplatz;
Dort wohne ich. – Ich weiß, daß du
Nicht Verse suchst von Ringelnatz.

Und hatten doch die Schwärmer recht,
Die dich besangen gut und schlecht.

Kammer-Kummer

Es äugt ein Wunsch aus mir nach der Uhr.
Der lauscht auf Briefträgerschritte
Und murmelt unaufhörlich nur
Die Worte „bitte, bitte".

Sich schämend richtet sein Gebet
Die Ohren nach der Klingel.
Ein Brief soll läuten. Darauf steht:
„An Herrn Joachim Ringel – –"

Ha! Klingelt schon! Und kommt ein Brief. – –

Nicht der, den ich wollte lesen.

Einschlafende Hoffnung atmet tief,
Träumt ab, was niemals gewesen.

Silvester

Daß bald das neue Jahr beginnt,
Spür ich nicht im geringsten.
Ich merke nur: Die Zeit verrinnt
Genau so wie zu Pfingsten,

Genau wie jährlich tausendmal.
Doch Volk will Griff und Daten.
Ich höre Rührung, Suff, Skandal,
Ich speise Hasenbraten.

Mit Cumberland, und vis-à-vis
Sitzt von den Krankenschwestern
Die sinnlichste. Ich kenne sie
Gut, wenn auch erst seit gestern.

Champagner drängt, lügt und spricht wah
Prosit, barmherzige Schwester!
Auf! In mein Bett! Und prost Neujahr!
Rasch! Prosit! Prost Silvester!

Die Zeit verrinnt. Die Spinne spinnt
In heimlichen Geweben.
Wenn heute nacht ein Jahr beginnt.
Beginnt ein neues Leben.

Ehebrief

Nun zeigt ein Brief, daß ich zu lange
Nicht sonderlich zu dir gewesen bin.
Ich nahm das Gute als Gewohntes hin.
Und ich vergaß, was ich verlange.

Verzeih mir. – Ich weiß, daß fromme
Gedanken rauh gebettet werden müssen.
Ich danke jetzt. – Wenn ich nach Hause komme,
Will ich dich so wie vor zehn Jahren küssen.

Zu dir

Sie sprangen aus rasender Eisenbahn
Und haben sich gar nicht weh getan.

Sie wanderten über Geleise,
Und wenn ein Zug sie überfuhr,
Dann knirschte nichts, sie lachten nur.
Und weiter ging die Reise.

Sie schritten durch eine steinerne Wand,
Durch Stacheldrähte und Wüstenbrand,
Durch Grenzverbote und Schranken
Und durch ein vorgehaltnes Gewehr,
Durchzogen viele Meilen Meer. –

Meine Gedanken. –

Ihr Kurs ging durch, ging nie vorbei.
Und als sie dich erreichten,
Da zitterten sie und erbleichten
Und fühlten sich doch unsagbar frei.

Und auf einmal steht es neben dir

Und auf einmal merkst du äußerlich:
Wieviel Kummer zu dir kam,
Wieviel Freundschaft leise von dir wich,
Alles Lachen von dir nahm.

Fragst verwundert in die Tage.
Doch die Tage hallen leer.
Dann verkümmert deine Klage . . .
Du fragst niemanden mehr.

Lernst es endlich, dich fügen,
Von den Sorgen gezähmt.
Willst dich selber nicht belügen
Und erstickst es, was dich grämt.

Sinnlos, arm erscheint das Leben dir,
Längst zu lange ausgedehnt – –
Und auf einmal – –: Steht es neben dir,
An dich angelehnt – –
Was?
Das, was du so lange ersehnt.

An M.

Der du meine Wege mit mir gehst,
Jede Laune meiner Wimper spürst,
Meine Schlechtigkeiten duldest und verstehst –
Weißt du wohl, wie heiß du oft mich rührst?

Wenn ich tot bin, darfst du gar nicht trauern.
Meine Liebe wird mich überdauern
Und in fremden Kleidern dir begegnen
Und dich segnen.

Lebe, lache gut!
Mache deine Sache gut!

IX
WIR HABEN KEINEN
GÜNSTIGEN WIND

An der alten Elster

Wenn die Pappeln an dem Uferhange
Schrecklich sich im Sturme bogen,
Hu, wie war mir kleinem Kinde bange! –
Drohend gelb ist unten Fluß gezogen.

Jenseits, an der Pferdeschwemme,
Zog einmal ein Mann mit einer Stange
Eine Leiche an das Land.
Meine Butterbemme
Biß ein Hund mir aus der Hand. –
O wie war mir bange,
Als der große Hund plötzlich neben mir stand!

Längs des steilen Abhangs waren
Büsche, Höhlen, Übergangsgefahren. –

Dumme abenteuerliche Spiele ließen
Mich nach niemand anvertrauten Träumen
Allzuoft und allzulange
Schulzeit, Gunst und Förderndes versäumen. –
Hulewind beugte die Pappelriesen.
O wie war mir bange!

Pappeln, Hang und Fluß, wo dieses Kind
So viel heimlichstes Erleben hatte,
Sind nicht mehr. Mir spiegelt dort der glatte
Asphalt Wolken, wie sie heute sind.

Vor meinem Kinderporträt

Da ich ganz fremd mein Kinderbildnis sah,
Die Augen meiner Kindheit standen da
Vor mir, photographiert. Die Augen, die
So wenig sahen vor lauter Phantasie.

Nun wird mein Jahrgang wohl bald sterben müssen.
Diese Betrachtung klingt zurecht sehr schal.

Auch ists sein schiefes Tun, sich selbst zu küssen.
Ich wurde weinerlich vor fremden Leuten.
Ich sah mich selber im Eswareinmal
Und wußte mir so viel daraus zu deuten.

Wenn die sich Künstler einladen

Sie haben dich eingeladen
Und bieten dir nichts
Als nur den Schein ihres Lichts.
Und wollen doch in dir baden.

Sie haben auch dich gehabt.
Ihr Gästebuch wird dich nennen.
Sie waren so begabt,
Dich zu kennen.

Dir wird neben Speise und Trank
Jedweder Luxus serviert.
Beim Abschied zahlst du geniert
Den armen Dienern noch ärmeren Dank.

Und dann, daheim, bist du krank.

Jene kleinsten, ehrlichen Artisten

Jener kleinsten, ehrlichen Artisten
Denk ich, die kein Ruhm belohnt,
Die ihr Dasein ärmlich, fleißig fristen,
Und in denen nur die Zukunft wohnt.

In Programmen stehen sie bescheiden,
Und das Publikum bleibt ihnen stumm.
Dennoch geben sie ihr Bestes und beneiden
Größre nicht. Und wissen nicht, warum.

Grober Dünkel drückt sie in die Ecken.
Ihre Grenze ist der Rampenschein.
Aber nachts vor kleinen Mädchen recken
Sie sich auf in Künstlerschwärmerein.

Die ihr bleiben sollt, wo wir begonnen,
Mögt ihr ruhmlos sein und unbegabt,
Doch euch tröstet: Uns ist viel zerronnen,
Schönes, was ihr jetzt noch in euch habt.

Ehrlichkeit ist Kunst und derart selten,
Daß es wenig Wichtigeres gibt.
Euer Schicksal wird euch reich vergelten,
Daß ihr euer Schicksal habt geliebt.

Jene Große

Weil jeder sie so entzückend
Grün und natürlich fand,
Ging die große Mimose
Von Hand zu Hand.

Und ging und lebte, ward müde und schlief.
Und ward herumgereicht.
Und wünschte sich vielleicht – vielleicht! –
Ganz tief
So unempfindlich zu sein
Wie ein Stein.

Und wie sie trotzdem wunderbar
Organisch grün und wissend klar
Gedieh,
Umschwärmten, liebten, achteten sie
Die Menschen und die Tiere,

Merkten aber fast nie,
Daß sie keine Rose,
Daß sie eine große Mimose war.

Vergehe Zeit!
(1932)

Vergehe Zeit und mache einer besseren Platz!
Wir haben doch nun genug verloren.
Setz einen Punkt hinter den grausamen Satz:
„Ihr habt mich heraufbeschworen."

Was wir, die Alten, noch immer nicht abgebüßt,
Willst du es nicht zum Wohle der Jugend erlassen?!
Kaum kennen wirs noch, daß fremde Hände sich fassen
Und Fremdwer zu Ungleich sagt: „Sei herzlich gegrüßt."

Laß deine Warnung zurück und geh schnell vorbei,
Daß wir aufrecht stehen.
Vergönne uns allen, zuinnerst frei,
Das schöne Grün unsrer Erde zu sehen.

So ist es uns ergangen
(1933)

So ist es uns ergangen.
Vergiß es nicht in beßrer Zeit! –
Aber Vöglein singen und sangen,
Und dein Herz sei endlos weit.

Vergiß es nicht! Nur damit du lernst
Zu dem seltsamen Rätsel „Geschick". –
Warum wird, je weiter du dich entfernst,
Desto größer der Blick?

Der Tod geht stolz spazieren.
Doch Sterben ist nur Zeitverlust. –
Dir hängt ein Herz in deiner Brust,
Das darfst du nie verlieren.

Aufgebung

Ich lasse das Schicksal los.
Es wiegt tausend Milliarden Pfund;
Die zwinge ich doch nicht, ich armer Hund.

Wies rutscht, wies fällt,
Wies trifft – so warte ich hier. –
Wer weiß denn vorher, wie ein zerknittertes Zeitungspapier
Weggeworfen im Wind sich verhält?

Wenn ich noch dem oder jener (zum Beispiel dir)
Eine Freude bereite,
Was will es dann heißen: „Er starb im Dreck"? –
Ich werfe das Schicksal nicht weg.
Es prellt mich beiseite.

Ich poche darauf: Ich war manchmal gut.
Weil ich sekundenlang redlich gewesen bin. –
Ich öffne die Hände. Nun saust das Schicksal dahin.
Ach, mir ist ungeheuer bange zumut.

Großer Vogel
(1933)

Die Nachtigall ward eingefangen,
Sang nimmer zwischen Käfigstangen.
Man drohte, kitzelte und lockte.
Gall sang nicht. Bis man die Verstockte
In tiefsten Keller ohne Licht
Einsperrte. – Unbelauscht allein
Dort, ohne Angst vor Widerhall,
Sang sie
Nicht – –,
Starb ganz klein
Als Nachtigall.

Schiff 1931

Wir haben keinen günstigen Wind.
Indem wir die Richtung verlieren,
Wissen wir doch, wo wir sind.
Aber wir frieren.

Und die darüber erhaben sind,
Die sollten nicht allzuviel lachen.
Denn sie werden nicht lachen, wenn sie blind
Eines Morgens erwachen.

Das Schiff, auf dem ich heute bin,
Treibt jetzt in die uferlose,
In die offene See. – Fragt ihr: „Wohin?"
Ich bin nur ein Matrose.

Ehrgeiz

Ich habe meinen Soldaten aus Blei
Als Kind Verdienstkreuzchen eingeritzt.
Mir selber ging alle Ehre vorbei,
Bis auf zwei Orden, die jeder besitzt.

Und ich pfeife durchaus nicht auf Ehre.
Im Gegenteil. Mein Ideal wäre,
Daß man nach meinem Tod (grano salis)
Ein Gäßchen nach mir benennt, ein ganz schmales
Und krummes Gäßchen, mit niedrigen Türchen
Mit steilen Treppchen und feilen Hürchen,
Mit Schatten und schiefen Fensterluken.

Dort würde ich spuken.

Interview auf dem Parnass

HERAUSGEBER: Sehr geehrter Herr Bötticher, offen gestanden, wir waren nicht so ganz sicher, Sie hier oben anzutreffen. Selbst amtlich beglaubigte Informationen, dieser oder jener Autor sei in die Gefilde der Unsterblichen in Apoll eingezogen, erweisen sich oft schon nach kurzer Zeit als Falschmeldungen; und dabei handelt es sich um Persönlichkeiten, die im Rampenlicht der Literaturwissenschaft gestanden haben. Ihr allseits beliebtes literarisches Oeuvre aber hat ja bisher außer einigen geistreich-aphoristischen oder biographisch-anekdotischen Äußerungen noch kaum fundierte wissenschaftliche Interpretation erfahren. So wäre es Aufgabe dieses ersten Kontaktes zwischen Ihnen als Mensch und Lyriker einerseits und dem Reclam-Verlag andererseits, in einer Reihe grundlegender Exkurse...

RINGELNATZ: Komm an Bord!

H.: Oh. Eine Kneipe.

R.: Eine Hafenkneipe. Meine Hafenkneipe. Ich hatte mir doch schon immer so eine solide bürgerliche, reputierliche Existenz erträumt. Welchen Rum trinken wir?

H.: Wie könnte ein Joachim Ringelnatz auch in geraffter, weißer antiker Toga, wandelnd auf klassischem Boden in edler Einfalt und stiller Größe... Aber eine Existenz auf dem Parnaß in einem solchen Pullover, mit dieser abgegriffenen Schiffermütze, den getrockneten Seepferdchen an der Wand... Nun, Ihre Existenzform in der Unsterblichkeit ist ja weitgehend Ihre persönliche Angelegenheit.

R.: Das sind keine „getrockneten Seepferdchen", dies nennt der Seemann Ringelnassen; und denen verdanke ich ja doch meinen Künstlernamen! Und so eine persönliche Angelegenheit ist unsere Unsterblichkeit nicht. Wir dürfen nämlich hier oben nur so lange bleiben, wie bei euch unten unsere Bücher erscheinen und gelesen werden. Also!

H.: Lieber Herr Bötticher, unter uns gesagt, das hängt nicht immer allein vom guten Willen der Verlage ab. Um alle Bedürfnisse unserer Leser zu befriedigen, wird ein Plan gemacht, und an diesen Plan müssen wir uns dann auch halten; da können eben nicht alle Bedürfnisse unserer

Leser befriedigt werden. Aber Sie sehen, daß wir in Ihrem Falle nun keine Mühe gescheut haben. Zudem bringt uns ein solches persönliches Gespräch auch jene letzte Authentizität im Faktischen, ohne die jede Wertung und Würdigung Versuch bleiben muß, auf dem schwankenden Boden hypothetischer Prämissen ...

R.: Prost! Das ist ein Rum von der Insel Martinique. Vor Martinique – das wird dich für deine hypothetischen Prämissen interessieren –, vor Martinique habe ich als Schiffsjunge eine Flaschenpost losgelassen. Prost!

H.: Wäre es unserem Vorhaben nicht dienlicher, wenn wir erst nach ... Prost!

R.: Auf eine vorletzte Authentizität im Faktischen! Und das ist auch kein erster Kontakt. Auf See habe ich doch viele Jahre lang zwei Reclamhefte besessen.

H.: Welche Texte?

R.: Bei einem hieß es auf der Rückseite: „ein Brautschatz des Geistes und Gemütes" und „wohlfeilste Lehr- und Freudenmeister auf dem Schreibtisch sowohl des Gelehrten wie im Seesack des Schiffsjungen". Das hat mich damals sehr berührt. Als Jüngling habe ich auch einmal in Leipzig in der Reclamstraße übernachtet! Die Dame hatte mich am Bahnhof ergriffen.

H.: Meine Bemerkung bezog sich auf Kontakte literarisch-editorischer Art.

R.: Auch die haben bestanden. Bei Abfassung meines Buches „Turngedichte" habe ich außer dem Duden, 9. neubearbeitete Auflage 1919, auch das Reimlexikon von Philipp Reclam jun. benutzt und dies hinten unter „Benutzte Quellen" angegeben.

H.: Sehr geehrter Herr Bötticher, um Ihre Zeit nicht über Gebühr in Anspruch zu nehmen, sollten wir zu einer mehr direkten Fragestellung im Rahmen systematisch begrenzter Exkurse übergehen. Als da sind: Fragen des Schaffensprozesses, literarische Vorbilder ...

R.: Karl May und Li Tai-po.

H.: Bitte?

R.: Ach, das war doch nur Spaß! Mein Leben lang habe ich ein Buch geliebt: den Don Quijote des Cervantes. Heiß geliebt, von der ersten, gekürzten, bearbeiteten Ausgabe mit den vielen bunten Bildern, die mir noch mein Vater geschenkt hat; bis zu den bibliophilen Prachtausgaben, die ich später manchmal besessen habe. Ich habe sogar eine spanische Originalausgabe besessen; obwohl ich des Spanischen des 17. Jahrhunderts nicht bis in alle Nuancen hinein mächtig bin. Oder um genau zu sein: ich kann nicht Spanisch. Dafür war ich eine Doppelbegabung: Dichter und Maler! Ein Naiver. Aber von allen Naiven war ich der Raffinierteste! Mein Ölgemälde „An der alten Elster" hängt zum Beispiel heute in der Leipziger Gemäldegalerie. Aber meine meisten Bilder sind verschenkt und verschollen.

H.: Unsere Aufgabe ist es, das Genie des D i c h t e r s Ringelnatz zu analysieren.

R.: Zu der Malerei, speziell zu der Ölmalerei, bedarf es viel Genie. Dieses Genie und die Farben und die sogenannten Lichter, das muß man alles dick auf der Leinewand auftragen; ich habe aber manchmal bloß Pappe genommen. Und Ocker, viel lichter Ocker! Das läßt man dann trocknen. Du glaubst ja nicht, wie langsam so ein Gemälde trocknet. Pleinairmalerei macht man im Sommer, und da kann es schon mal vorkommen, daß eine Fliege klebenbleibt. Bei mir hat mal eine mit dem Rükken angepappt. Die hat gezappelt, als ob sie sich vor Entzücken gar nicht lassen könnte! So kann ein erster Eindruck oft täuschen.

H.: Abschweifungen, Abschweifungen . . .

R.: Abschweifungen sind doch nichts Minderwertiges? Ich bin mein ganzes Leben nur abgeschweift. Das hängt auch zusammen mit meiner weitverzweigten Verwandtschaft mit dem Alchimisten und Erfinder des Porzellans Johann Friedrich Böttger.

H.: Mit diesem Böttger sind Sie verwandt?

R.: Das ist eine Vermutung. In mir steckt doch von Kindesbeinen an eine direkt alchimistische Neugier. Ich hatte ein dauerndes Bedürfnis, etwas zu erfinden! Ich hätte auch um ein Haar wirklich was erfunden. Was, das kann man auf Seite 40 f. nachlesen.

H.: Darf ich nun wieder auf den Lyriker Ringelnatz zurückkommen; in einem, wie mir scheinen will, für Ihre lyrische Produktion typischen Gebilde „Sinnender Spatenstich" stößt man auf folgenden Text: „Unter der Erde murkst

100

ein Ding, / Irgendwas oder ein Engerling. / Zappelt es? Tickt es? Erbebt es? – / Aber eines Tages lebt es. / Als turmaufkletternde Ranke, / Als Autoöl, als Gedanke – – – / Fäule, Feuchtigkeit oder feiner Humor / Bringen immer wieder Leben hervor." Hier stutzt man . . .

R.: Warum? Du mußt mal an einem warmen Märztage in einem Misthaufen graben!

H.: Man stutzt, weil dieses Konglomerat von Wortblöcken, Gedanken- und Gefühlstrümmern, dem doch offensichtlich die Endredaktion, eine letzte Feile fehlt, aus der Feder eines Dichters stammt, dem die Sprache bis in subtile Feinheiten hinein gehorchte, dem alle Register metrischer Aufbereitung zur Verfügung standen. Wurde hier Sprachlich-Formales nicht bewältigt? Sollte hier Sprachlich-Formales nicht bewältigt werden? Und auch das Reimschema beweist uns: abacb / aabb / ababc / aabbcc / aa . . .

R.: Habe ich in dem Gedicht nicht genau beschrieben, wie die Natur auch den vielen Sonderlingen Schutz und Asyl gewährt? Und wie wunderbar sie alle pünktlich im Frühjahr weckt, als Zwiebeln oder als Schmetterling oder sehr viel später als Kohlen oder Erdöl!

H.: Das wäre wieder ein eigenes Thema: Die Erweiterung des Arsenals, der in der Lyrik verwendbaren Gegenstände. Unseres Wissens hat vor Ihnen niemand Engerlinge oder einen Bumerang oder Pellkartoffeln oder Bratkartoffeln in sein lyrisches Oeuvre aufgenommen. In welcher Hinsicht . . .

R.: In der Hinsicht von unten! Wer sich das Leben zu einem großen Teil von unten ansehen mußte, bemerkt Dinge, die andere, die immer von oben herabgucken, gar nicht bemerken!

H.: Es ist erstaunlich, wie und wo und in welchen Lagen Sie Ihren poetischen Spaten ansetzen und wie Sie überall Goldkörner finden.

R.: Das Gold muß am Spaten kleben, mein Junge, dann kann man überall graben. Und man muß etwas können als Dichter, um eine Pellkartoffel in seinem Gedicht unterzubringen, ohne das Gedicht zu beschädigen!

H.: Ob nicht doch im Spezifischen Ihrer Schaffensbedingungen die Erklärung zu suchen ist für das Spezifische Ihrer lyrischen Produktion? Goethe hat – um Ihnen thematisch entgegenzukommen –, Goethe hat bei der Arbeit an seinen Römischen Elegien das Versmaß auf dem Rücken seiner Geliebten abgezählt.

R.: Solche Arbeitsbedingungen gehörten bei mir schon zum Keuschesten und Seriösesten. Da könnte ich dir Dinge erzählen, und das wäre nicht übertrieben, jedenfalls kaum; aber das würde uns nur wieder in diese Ab- und Ausschweifungen führen. Nein, das Tückische an meiner Arbeitsbedingung war immer, daß die superfeinsten Einfälle gekommen sind, wenn ich Alkoholisches genossen hatte. Aber da ist mir die Sprache nicht in der wünschenswerten Weise gefolgt. Die Verse zappelten schon, aber ich konnte sie nicht zum Ausschlüpfen bringen! War ich dann wieder nüchterner und folgte mir die Sprache in der wünschenswertesten Weise, dann kamen mir diese superfeinen Einfälle wieder nicht.

H.: Prost! Wir sollten den Versuch einer Werkanalyse vorerst zurückstellen und uns dem Biographischen zuwenden. Hier würde uns vor allem zeitgeschichtlich Relevantes und Soziales interessieren; aber das alles in einer gewissen Kontinuität der Abfolge! Sie wurden geboren am 7. August 1883, Ihr Geburtshaus steht in Wurzen . . .

R.: An der Alten Elster hieß unsere Straße. Ich hatte Spielgefährten aus den verschiedensten Bevölkerungskreisen, aber die aus der Fregestraße waren ein besonders rohes Pack!

H.: Das mag zugetroffen haben, aber wir müssen uns hier auf Erlebnisse beschränken, die für Ihr ganzes Leben entscheidend waren.

R.: Im Jahre 1933 bildeten sich Hohlräume um mich, umgeben von vielen Löchern. Man drohte, kitzelte und lockte: Gall sang nicht mehr. Im Sommer vierunddreißig wurde ich auch immer kränker. Die Lunge. So richtig gesund war ich ja nie gewesen. Und so Mitte November führte dann das langsame Tempo meiner Genesung zu meinem letzten Wunsch: Man möge alte Seemannslieder an meinem Grabe spielen. Paul Wegener, der große Schauspieler, hat ergreifende Worte gesprochen: Ich sei ein unbeirrt Liebender geblieben, in allen Stürmen, in allen Wettern. Und Asta Nielsen, die große Schauspielerin, hat geweint.

H.: Bei allem Wohlwollen in bezug auf mitgehende Interpretation, leicht machen Sie es einem nicht. Zwischen Geburt und Tod pflegen doch in einem fünfzigjährigen Leben, einem wildbewegten Leben, wie dem Ihren ...

R.: Oh, da könnte ich erzählen!

H.: Aber Wesentliches!

R.: Mir war zum Beispiel schon von Kindesbeinen an alles mystisch und geheimnisvoll. Ich hatte einen Geist, der hieß Pinko, und äußerlich war er in einem Holzknauf eines Bettpfostens meines Kinderbetts verkörpert. Aber in welchem und was es für eine Bewandtnis mit ihm hatte, das habe ich nie verraten. Das verrate ich auch heute noch nicht. Auch dir nicht.

H.: Darf ich auf Ihre Entwicklung als Dichter zurückkommen.

R.: Ich war eine Doppelbegabung. Im Berliner Telefonbuch war ich zum Beispiel als Kunstmaler eingetragen.

H.: Wir wissen, daß Sie einem bürgerlichen Elternhaus entstammen ...

R.: Einem gutbürgerlichen! Wir hatten zeitweise zwei Dienstmädchen. Einmal hieß eine Berta; ein schönes, junges, strammes Weib. Wegen der gab es harte eheliche Auseinandersetzungen zwischen meinen Eltern. Aus dem Fenster stürzen wollte sich meine Mutter wegen dieser Berta! Meine Mutter war eine kleine, nervöse Person. Mein Vater war Musterzeichner für Tapeten. Und er war humoristischer Schriftsteller. Viele Jahre hat er „Auerbachs Kinderkalender" herausgegeben. Sein Hauptwerk aber war das „Lyrische Tagebuch des Leutnants von Versewitz". Zurück zu Wesentlichem meiner eigenen Entwicklung. Ich habe nämlich unserer Berta einmal ans Bein gegriffen. Für mein Alter, ich werde damals so sechs, sieben Jahre gewesen sein, unverhältnismäßig weit oben. Eine unerhörte Ohrfeige von besagter Berta war gleichsam mein erstes Opfer auf dem Altar der Liebe.

H.: Der Aspekt des Erotischen! Bei dieser Schilderung, wie bei der Lektüre vieler Ihrer Gedichte, frappiert ein Hang zu vordergründiger, nicht immer motivierter Erotik. Im „Ferngruß von Bett zu Bett" erinnern Sie die ferne Geliebte an gemeinsame Geschehnisse und präzisieren dann diese Vorgänge mit Epitheta ornantia wie: „heiß", „frei",

„besoffen", „fromm" und „scharf". Diese immer wieder zu beobachtende Sicht aus dem Blickwinkel des Faunischen ...

R.: Quod licet Iovi, non licet bovi, dieser Spruch war mir schon am königlichen Staatsgymnasium verdächtig! Warum bin ich ein Faun, Johann Wolfgang von Goethe aber bekommt für dieses gleiche, gottgewollte Delikt das Prädikat Erotiker? Auch ich war ein Erotiker. Ich war immer ein großer Erotiker!

H.: Lieber Herr Bötticher, diese Selbstvergleiche mit dem größten unserer Lyriker ...

R.: Aber wir beide haben gewisse Dinge beim Namen genannt; darunter viel Erotisches. Und was dem großen Stier gestattet wird, darf dem kleinen Bock nicht angekreidet werden. Studieren Sie die Paralipomena zum Faust! Ich hätte zurückgeschaudert, so tief hinabzusteigen, ins Faunische. Das sagt dir ein Mann, der zeitweise eine bibliophile Bibliothek besessen hat. Der als Bibliothekar die Bibliothek des Grafen York von Wartenburg katalogisiert hat. Angefangen hat zu katalogisieren.

H.: Kann ich noch einen Rum haben?

R.: Besagte Berta ist später eine bekannte Löwenbändigerin geworden, auf Jahrmärkten. Unter dem Künstlernamen Cläre Heliot. Konfirmiert aber bin ich schon in Leipzig. Meine Eltern waren in den Norden Leipzigs gezogen. Nach Gohlis, dort liegt das Rosental. Das war für entscheidende Jahre mein Revier. Wir waren nämlich eine Radfahrbande. Und ich bin einmal auf meinem Fahrrad Marke Brennabor in einer unglaublich kurzen Zeit nach Halle gefahren. Leider ohne Zeugen. Alle daran Interessierten wollten es mir nicht glauben; und die es mir glaubten, die hat es nicht interessiert. So war es später noch oft.

H.: Ich glaube es Ihnen, und Sie haben in diesen Jahren das Königliche Staatsgymnasium besucht.

R.: Gegen meinen Willen! Ich habe alle Fächer verabscheut, einschließlich „Allgemeines und sittliches Betragen". Das Abitur habe ich dann auch schon auf einem privaten Institut nachgeholt.

H.: Wer hat diesen Wechsel gewünscht?

R.: Alle Beteiligten; aber ausgegangen ist er von der Direktion des Gymnasiums. Ich hatte mich zu lange und zu oft bei den jungen, herrlich braunen Samoanerinnen aufgehalten, die damals als „Orientalische Truppe" im Zoo aufgetreten sind. Für eine von ihnen habe ich mich tätowieren lassen, ihr habe ich auch den elterlichen Christbaumschmuck geschenkt.

H.: Sie waren also schon als Kind ein Außenseiter.

R.: Nein, die andern waren anders! Der einzige Verlust am Staatsgymnasium waren die Senfgurken. Die legte der Pedell selber ein; und dann verkaufte er sie an uns Schüler. O die zergingen auf der Zunge!

H.: Endlich war das Abitur bestanden, wir fragen nicht mit welchen Noten, und am nächsten Tage – das ist in jedem Lexikon nachzulesen – sind Sie durchgebrannt. Ohne Wissen der Eltern, als Schiffsjunge ...

R.: Ach, die haben alle meinen Vater nicht gekannt. Mein Vater hatte eine weiche Seele, der konnte doch seinem Jüngsten einen Herzenswunsch nicht abschlagen. Er ist mit mir nach Hamburg gefahren, hat mit dem Heuerbaas verhandelt, hat mir eine gute seemännische Ausrüstung gekauft – die war teuer! –, blauer Anzug, Seestiefel, Ölzeug, Südwester und ein langes Scheidemesser mit Lederriemen. Zum Abschied hat er mich an seinen struppigen Bart gedrückt, und die Tränen sind uns getropft. Das war am Abend des 3. April 1901. Da war ich zum ersten Male allein und auf mich gestellt.

H.: Erzählen Sie von Ihrer größten Reise!

R.: Da ist nichts zu erzählen. Seefahrt ist nur schwer. Schön ist erinnern an Seefahrt. Anfänger läßt ein Heuerbaas auch gern verlottern. Erst nach langem Drängen habe ich meine erste Reise bekommen. Nach Belize in Westindien. Auf der Elli. Aber dort bin ich desertiert. Ich hatte so interessante Fische gefangen und mit Tabak ausgestopft und zum Trocknen auf die Kombüse gelegt. Man hat sie mir alle über Bord geworfen: Das Zeug stinke nur. Und ein Schiffsjunge darf nicht an Widerstand denken angesichts einer solchen Übermacht. Aber ich habe immer ein Tagebuch geführt, auch unter den widrigsten Umständen. Einmal habe ich sogar eine täuschende Kopie vor aller Augen über Bord fallen lassen, weil der Kapitän meine Notizen ausgeschnüffelt hatte. Zehn Jahre später

habe ich sie unter dem Titel „Was ein Schiffjungentage-
buch erzählt" als Buch herausgegeben.

H.: Ja, auf den Schriftsteller Ringelnatz wollen wir nun
endlich hinaus. Denn im Jahre 1909 gelang ihm der große
Durchbruch als Vortragskünstler eigener Gedichte im
Münchner Kabarett „Simplicissimus".

R.: Soweit sind wir noch lange nicht. Ich werde dir jetzt
etwas sehr Ungewöhnliches und Seltenes zeigen: Einen
Flaschenpostantwortbrief! Ich habe doch auf meiner West-
indienreise in der Nähe der Insel Martinique dem Meer
eine Flaschenpost anvertraut. Den Korken hatte ich mit
ranziger Margarine sorgfältig abgedichtet. So eine Flasche
kann jahrelang unterwegs sein! Nach einigen Wochen er-
hielt mein Vater . . .

H.: Lieber und verehrter Joachim Ringelnatz, das erträg-
liche Maß an anekdotischen Abschweifungen ist doch
irgendwann einmal voll.

R.: Hier handelt es sich um meine fernste Post: In der Nähe
von Riga habe ich später sogar eine Karte an meine Eltern
an einem Bündel Kinderluftballons losgelassen! Nach
einigen Wochen erhielt mein Vater vom Gouverneur der
Insel Barbuda in Westindien ein Schreiben.

H.: Diese Luftballons sind bis Westindien . . .?

R.: Diese Flaschenpost. Die Luftballonpost ist nie ange-
kommen.

Dear Sir!

The bottle containing your message and card thrown
overboard from the ELLI, 4 days from Martinique,
was picked up on the 8th June by a man living here
and brought to me.
At your request I forward your card which I have no
doubt you will be very glad to get again.
I am dear Sir yours faithfully

Oliver Nogent
Acting Magistrate Barbuda
British West Indies.

H.: Soso. Sind noch weitere Briefe aufzunehmen, von an-
deren Reisen?

R.: Nein, 1903 habe ich meine seemännische Laufbahn verlassen. Als Bootsmannsmaat. Wegen der Augen. Meine Augen besaßen nicht die erforderliche Seeschärfe. Es waren nämlich zwei große Schiffe zusammengestoßen. Aber nicht meinetwegen, sondern ganz woanders. Mich hat nur das Gesetz betroffen. Und jetzt habe ich endlich – auch etwas auf Drängen meines Vaters – die kaufmännische Laufbahn eingeschlagen.

H.: Aber dieser Beruf erwies sich als Sackgasse, und es kam endlich zu dem Debüt als Vortragskünstler.

R.: Meine kaufmännische Laufbahn war nicht ein Beruf, das waren viele Berufe! Buchhalter, Korrespondent, Geschäftsführer, Kommis, Empfangschef, Reisender und vor allem immer wieder kaufmännischer Lehrling. Aber nie lange und nie mit Liebe. Vermutlich hat dieses höhere Wesen, wenn es eins gibt, gar keine solchen Keime in mir angelegt, die sich durch zehntausend Bürostunden zu einem Buchhalter auswachsen. Ich mußte natürlich in meinem Bewerbungsschreiben umfassende Kenntnisse in amerikanischer und perfekt in systematischer doppelter deutscher Buchführung angeben. Aber an irgendeinem Tage – wenn ich die Kollegen auch noch so eingehend begrüßt und anschließend in den ausschweifendsten Formen gefrühstückt habe – mußte ich doch anfangen mit einer dieser systematischen Buchführungen! Dann hieß es eben, sich eine neue Stellung suchen. Denn meine vielseitigen Sprachkenntnisse, die ich mir in Hafenkneipen und auf hoher See angeeignet hatte, waren auch nicht für den Stil der Geschäftsbriefe zugeschnitten. Ich habe es als Auslandskorrespondent versucht. Eines meiner Gedichte, es hieß „Freundschaft", habe ich an die „Woche" geschickt, verbunden mit der Bitte, mich mit einem Fixum von etwa zweihundert Mark nach China zu schicken. Ich hätte doch von dort irgendwelche Dinge in heiterer Form berichten können. Sie haben weder auf mein Gedicht noch auf mein Anliegen geantwortet.

H.: Geben Sie mir noch einen Schnaps, denn von Ihren dreißig kuriosen Berufen haben wir ja bisher kaum einen ausführlich besprochen. Wann folgte denn Ihr Intermezzo als Schlangenbändiger?

R.: Das war noch zu meiner Seemannszeit. Man bekam nicht

immer ein Schiff. Und bis man wieder ein Schiff bekam, mußte man sich so durchschlagen. Da hatte mir einer was vermittelt auf dem Hamburger Vergnügungsrummel. In einer Tierschau. Wir fünf Männer in Matrosenanzügen haben die Schlangen hereintragen müssen. Ich, der Kleinste, habe das Schwanzende getragen. Dabei war ich der einzige echte Seemann! Dann rief Herr Malferteiner, der Besitzer der Bude: Die Riesenschlange! Bo-a-constrictoooor! Ihre Heimat: Südamerika! In Freiheit ringt sie mit dem Löwen! Mit dem Tiger! – Wir bekamen fünfzig Pfennig pro Tag. Und manchmal ein Trinkgeld oder etwas Tabak.

H.: Wann kommen wir denn zu dem großen Durchbruch als Vortragskünstler eigener Gedichte!

R.: Mein Durchbruch nach oben waren eigentlich lauter kleine Einbrüche nach unten. Der Simpl war um 1910 der berühmte Mittelpunkt der Boheme; es war aber nur ein kleines, verräuchertes, von roten Ampeln magisch beleuchtetes Lokal in der Türkenstraße. Mit einer kleinen Bühne in einem Nebenraum. Deshalb hat Erich Mühsam seine Gedichte auch immer gleich von seinem Stuhle aus vorgetragen. Von mir nahm ja keiner Notiz. Aber ich habe dort Wedekind kennengelernt, dieses Stoßhorn! Und Roda Roda und Hans Thoma und die berühmte amerikanische Tänzerin Isadora Duncan. Und Hugo Koppel, aber der war gar nicht berühmt, der vertonte nur manchmal am Harmonium die Speisekarte.

H.: Zu Ihrem Debüt!

R.: Ich hatte schon immer Verse geschrieben, schon als Kind, aber ich war schüchtern. Und ich hätte doch auch so gerne am Künstlertisch gesessen. Eines Nachts nun – ich hatte mir Mut angetrunken – habe ich Kathi gefragt, ob ich auch ein Gedicht aufsagen dürfte. Kathi Kobus war die Besitzerin und sehr geschäftstüchtig. Es wurde ein durchschlagender Mißerfolg. Nur ein paar Leute haben etwas geklatscht, mehr aus Mitleid. Nach einigen Tagen wieder. Aber es dauerte nicht lange, da habe ich mich zum dritten Male aufgerichtet und vorgetragen: „Der Simplicissimustraum". Von diesem Abend an saß ich am Künstlertisch! Jetzt hatte ich auch einen Künstlernamen „Der Hausdichter", brauchte zwei Schoppen pro Abend nicht mehr selbst bezahlen, und als ich berühmt war, habe ich Abendgage bekommen: eine Mark für das zweimalige Aufsagen von vier bis fünf Gedichten im Laufe der Nacht. Und Trinkgelder.

H.: Konnte man denn davon leben?

R.: Von Kathis Gagen konnte keiner leben. Ich hatte mir aber im Laufe der Jahre fünfhundert Mark gespart. Zur Gründung einer soliden bürgerlichen Existenz. Ich war schon dreißig Jahre alt! An jedem Reklameverswettbewerb habe ich mich beteiligt, und ich habe oft gewonnen. Mein Hauptgewinn war ein Bauer, dem habe ich einen Kartoffelnamen erfunden, für vierzig Mark. Ich habe auch für Mäzene lüsterne Gedichte angefertigt, für den Stammtisch.

H.: Sie waren Besitzer eines Tabakgeschäftes!

R.: Da hatte ich zugegriffen, weil der Laden gleich in der Nähe war, in der Schellingstraße. Da wurde aus meinen Ersparnissen mein „Tabackhaus zum Hausdichter". Ausgestaltet hatte ich alles nach eigenen Entwürfen, nur ein Totengerippe mußte ich auf Betreiben der Hauswirtin wieder aus dem Fenster nehmen. Meine Reklamekarte: „Vorzügliche Cigarren & Cigaretten. (Bisher noch kein Todesfall). Prompte Lieferung nach Auswärts. Sehensw. Kunstschätze u. Merkwürdigkeiten. Treffpunkt der gebildeten Raucherwelt. Damen und Herren werden auf Wunsch gegen Bezahlung angedichtet. Jedermann wird gebeten, recht zahlreich zu erscheinen. Es grüßt der Hausdichter!"
Spektakuläre Geschäftseröffnung mit allen meinen Freunden am 1. März 1913. Erloschen ist meine Firma ganz leise und nur mit mir allein am 31. Dezember des Jahres.

H.: Ein Bankrott?

R.: Imponderabilien. Unwägbare Einflüsse. Das ist wohl alles nie so recht ergründet worden. Ein wenig Schuld trug auch der Umstand, daß ich oft tagelang mein Geschäft nicht geöffnet habe. Auch sind wir nach durchzechter Nacht in meinen Laden gezogen, um unsere Fröhlichkeit dort fortzusetzen. Da störten uns natürlich die Kunden. Und der Markt ist hochsensibel!

H.: Ihre Schlüsse! Sollten wir nicht ein letztes Mal den Versuch wagen, aus dem Biographisch-Anekdotischen hinüberzuwechseln in einen kleinen Exkurs über den Bau, die innere Struktur Ihrer Gedichte?

R.: Prost!

H.: Heinrich Heine liebte es, seinen naiv-stimmungsvollen Gedichten schockierend ironische Schlüsse zu geben. Einige Ihrer Gedichte folgen anscheinend dieser Tradition. In liebevoller Weise beschreiben Sie einen kleinen Hund; glauben aber nach sentimentalen Passagen erwähnen zu müssen, daß dieser kleine Wolleball Ihre Hausschuhe gleichsam als eine Art Laternenpfahl ...

R.: Er hat mir immer in die Hausschuhe geschissen!

H.: Ja. – Stehen Sie mit solchen Schlüssen bewußt in einer Heine-Tradition?

R.: In einer Tradition des Lebens. Das Leben hat so oft nach sentimentalen Passagen meine Hausschuhe als eine Art Laternenpfahl ... Dir noch nie?

H.: Prost!

R.: Aber anderen ist es viel schlechter ergangen; ich war doch nur ein Matrose. Wie an dem Tag, der dich der Welt verliehen, die Sonne stand zum Gruße der Planeten, bist alsobald und fort und fort gediehen ...

H.: Goethe. Urworte, orphisch.

R.: Kennst du von ihm auch einen berühmten Vers mit Rinderbrust? Aber ich! Was von Menschen nicht gewußt oder nicht bedacht durch das Labyrinthderbrust wandelt in der Nacht!

H.: Geben Sie mir mal die neue Flasche.

R.: Als ich Aushilfsfremdenführer war auf der Burg Lauenstein, die hatte ein gewisser Dr. Meßmer gekauft. Das war auch so ein Don Quijote, aber reich! Der hat bei Vollmond um Mitternacht auf dem Söller die Trompete geblasen. Wir haben uns gut verstanden. In dieser Burg habe ich die Besucher experimentell geführt. „In der Tiefe dieses Brunnens sehen Sie deutlich zwei menschliche Gerippe, verbunden durch einen goldenen Reif!" Und alle haben gesehen.

H.: Was sah man wirklich?

R.: Ein schwarzes Loch. Wer nun partout nichts sehen wollte, den habe ich mir einzeln rangeholt: „So müssen Sie sich stellen! So! Na?" Jetzt sah der auch. Das hat mir oft zu denken gegeben, in bezug auf die menschliche

Willensfreiheit. Mir hat auch ein an und für sich recht dummes Mädchen einmal gesagt, ich hätte wohl nie so recht Mutterliebe genossen. Nun war mein Vater weich und gütig, aber in jenem „unergründlichen See von Liebe", so hatte sich das Mädchen ausgedrückt, bin ich wohl nie geschwommen.

H.: Herr Ringelnatz, jetzt ist uns der rote Faden aber entfallen.

R.: Laß ihn liegen. Das Beste an so einem Hafenkneipengespräch, das läßt sich eigentümlicherweise sowieso nicht auf so einen Faden fädeln. Das sagt dir Kuttel Daddeldu, und dem hat als Schiffsjunge der Kapitän, Pommer hieß der Kerl, vor Martinique für eine Tarantel und sechs Skorpione den Kognak verweigert. Wo ich doch keinen Spiritus hatte für eine Konservation.

H.: Konversation!

R.: Konservation.

H.: Lieber Herr Seemann, wie wir das alles abschließend in einer Wertung und Würdigung von Leben und Lebenswerk ... Mir ist auch gar nicht mehr gegenwärtig, waren wir denn mit unseren Exkursen zu einem positiven Ergebnis gekommen? Schenk mir doch noch mal von dieser Insel, wo du diese Flaschenpost ...

R.: Die Buddel kommt jetzt da hoch, und dort oben bleibt sie! In meinem Etablissement wird nicht randaliert! Wir müssen heute noch systematisch und chronologisch mein halbes Leben abhandeln ohne Abschweifungen! Denn am 1. August 1914 habe ich mein Testament gemacht, obwohl mein Vater mir geschrieben hatte: „Vielleicht kommst Du gar nicht dran, wegen Deiner Füße." Aber ich war bis an den Rand meiner Brust mit Abenteuerlust erfüllt. Und die Bevölkerung in Wilhelmshaven war uns Matrosen sehr zugetan. Mir hat sich eine große schöne Dame erboten, Namensläppchen in meine Unterwäsche einzunähen!

H.: Sind Sie Kommandant eines Minensuchbootes gewesen?

R.: Und Leutnant der Reserve. Obwohl mich mein Vorgesetzter, ein gewisser Bertelsmann, nicht leiden konnte. Er hatte einmal im Kasino geäußert: Dieser Kröpel wird auf keinen Fall Offizier! Es war nämlich dort bekannt geworden, daß ich literarisch einen Ruf hatte, und da hatte der einen großen, schönen, langlockigen Dichter erwartet. Aber das war alles schon am Ende des Krieges. In meiner Cuxhavener Zeit. Da hatte ich gar kein Schiff mehr, da habe ich mit meinen Leuten große Terrarien gebaut. Paradiese für Eidechsen, Schlangen, Frösche und Kröten. Kröten haben wunderbare, goldumrandete Augen. Sie sehen einen an wie Festredner. Mein Bursche und ich, wir mußten in jeder freien Minute auf der Wiese rumrennen, Fliegen, Würmer und kleine Frösche fangen. Es diente ja einer guten, friedlichen Sache. Aber manchmal, besonders nachts, wenn ich an meinem Drama „Der Flieger" geschrieben habe, da überfiel mich so eine nervöse, unheimliche Angst. Es ging dann auch alles Schlag um Schlag: Es verbreitete sich das Gerücht, daß der Kaiser wünsche, das Volk soll sich mehr an der Regierung beteiligen; die patriotischen Briefe meines Vater entsprachen gar nicht mehr meinen eigenen Ansichten; in meinen Terrarien haben die Eidechsen zweimal ihre Jungen gefressen; und der Drei-Masken-Verlag schickte mir mein Dramenmanuskript zurück; ganz zerknittert.

In diesen Nächten habe ich „Macbeth" gelesen. Und schon bildeten sich in Cuxhaven Arbeiter-und-Soldaten-Räte. Ich habe getan, was in meinen Kräften stand; es müssen über hundert Reden gewesen sein, die ich gehalten habe. Aber für die Matrosen war ich ein Offizier, und für die Offiziere war ich nur ein Kröpel. Was für eine helle Begeisterung lag auf den Gesichtern, als sich einmal eine malerische Demonstration mit leuchtend roten Fahnen durch die Straßen bewegte! Da bin ich zum Admiral gegangen; dort habe ich energisch verlangt, daß wenigstens die dringendsten Forderungen der Matrosen anerkannt werden. Der hat mich angeschrien: „Was muten Sie mir zu? Wer sind Sie überhaupt! Sie! Sie!" Ich war ihm doch als kleiner Reserveleutnant nie vorgestellt worden. Meine Soldaten hingen auch nicht mehr mit der alten Liebe an mir. Ich war ganz verzweifelt. — Immer hatte ich nur das Beste gewollt, und jetzt stand so eine graue, kalte Luft an meinem Himmel.

H.: Ach Herr Bötticher, wir sind gewiß schon auf Seite 17, und Sie sind kaum aus dem ersten Weltkrieg heim. Und kein Exkurs ist absolviert, und keine Wertung und Würdigung, und laut Plan hatten wir doch für das Ganze nur 8 Seiten.

R.: Hättest du doch ein Wort gesagt, gleich, ehe wir uns gesetzt haben! Da hätten wir doch alles schön ordentlich und exkursisch und vor allem chronologisch!

H.: Mir kommt jetzt so eine Ahnung, warum über Ihr so verbreitetes Werk und Leben so relativ wenig fundierte theoretische Untersuchungen ... Aber für dieses Mal ist es zu spät.

R.: Das wird doch nicht dein letzter Versuch sein. Ich habe doch auch nach dem Kriege zwei Jahre lang vergeblich versucht, wieder ein Engagement im „Simplicissimus" zu kriegen! Da war ich inzwischen bei der Postzensur in München und Gartenbauschüler in Freyburg an der Unstrut und ... viel arbeitslos. Vom „Simplicissimus" hat mich Hans von Wolzogen dann direkt nach Berlin verpflichtet. An das berühmte Kabarett „Schall und Rauch". Im Herbst 1920 erschienen auch meine Bücher „Turngedichte" und „Kuttel Daddeldu". 1925 war ich drei Wochen lang in Paris! In diesem Jahre hat auch die sehr berühmte und erste Galerie am Platze „Flechtheim" eine Ausstellung meiner Ölgemälde eröffnet. Eigentlich habe ich sie eröffnet, mit eigenen Gedichten. Und in der ersten Stunde wurde schon gekauft!

1928 habe ich eine Flugreise nach London gemacht und einen Freiballonflug in Augsburg. Eine Ballonfahrt mit Autoverfolgungsrennen! Bei der Landung sind wir in einem Baum hängengeblieben; aber mir ist nichts passiert, nichts Ernsthaftes. In dieser Zeit sind auch meine „Reisebriefe eines Artisten" erschienen und autobiographische Prosa „Als Mariner im Kriege". Ein Jahr nach meinen Flügen kamen auch meine „Flugzeuggedanken". 1930 erfolgte dann der endgültige Sprung nach Berlin. Am Sachsenplatz Nr. 12 habe ich ein Atelier bezogen. Und dort hat mehrmals diese Nachtigall gesungen, wie ich es auf Seite 91 f. etwas sentimental beschrieben habe. Von hier aus habe ich Vortragsreisen in alle Welt unternommen; nach Wien, nach Prag, nach Zürich. Es ist wieder Biographisches von mir erschienen: „Mein Leben bis zum Kriege". Und mit Erfolg! Mein Verleger, Ernst Rowohlt, hat mich immer wieder animiert, „Mein Leben nach dem Kriege" zu schreiben; aber ich war nicht mehr so gesund, wie es wünschenswert gewesen wäre. Ein Drama habe ich noch geschrieben, „Die Flasche". Und nach so langer Zeit darf ich es sagen: Ich hatte es für Asta Nielsen geschrieben. In heißer Verehrung. Ich habe es ihr auch selbst vorgelesen in ihrem Sommerhaus auf Hiddensee. Sie sollte die Seemannsbraut Petra spielen. Sie hat sie nicht gespielt. Es schien ihr alles zu sentimental. Und es war mit meinem Herzblut geschrieben. Da bin ich mit Nordhausener Schauspielerkollegen auf Tournee gegangen. Von Mai bis Juli 1932. Harte Wochen. Ich war der Hauptdarsteller, die Zugnummer auf allen Plakaten: Joachim Ringelnatz! Aber als ich alle Steuern bezahlt hatte und alle Gagen ausgezahlt ... Und ich hatte doch auch das Stück geschrieben! Dabei habe ich noch nicht einmal alle Steuern bezahlt.

H.: Wie denn das?

R.: Aber meinen 50. Geburtstag hat man im Hotel Kaiserhof gefeiert. Da habe ich ganz gerührt erfahren, wie viele Freunde ich doch hatte.

H.: Wir haben uns, und keine Würdigung ...

R.: Komm, ich bring dich an Land!

Da muß eben Kuttel Daddeldu mal wieder an Deck und den lecken Kahn flottmachen. Euch hat doch von allen Masken, hinter denen ich mich versteckt hatte, die vom angedudelten Kuttel Daddeldu immer am besten imponiert; und gelacht habt ihr immer am lautesten, wenn ich so große Angst vor allem hatte. Deshalb habe ich auch immer mal was getrunken, ehe ich auf meine kleine Bühne gestiegen bin; nachher nur, weil ich so müde war, und manchmal so verbittert. Oder glaubt denn einer, es wäre nur vorteilhaft, so schief ins Leben gebaut zu sein? Ob nun in einem kleinen Ort in der Mancha oder tief im Innersten von Sachsen. Kinder, ihr glaubt nicht, wie lebensgefährlich so eine einsame Reise unter diesen vielen Menschen ist. Und es kann doch keiner aus seiner Haut, aus dieser Schwarte, die so rauh wird, aber das Herz will nicht verhornen. Oder was weiß ich. Man hat doch auch seinen Stolz. Und wieviel Merkwürdiges sich ansammelt in einem Leben hinter so einer Maske! Und wie lange der Mensch braucht, bis er bemerkt, daß Amseln keine Käserinde nehmen. Aber ich habe immer eine Blume im Knopfloch getragen! Es war manchmal auch nur ein Krautblatt oder ein Hobelspan oder ein längliches Steinchen. Wovon habe ich Abschied nehmen müssen ganz am Ende? Vom Spatz ohne Schwanz. Wir hatten keinen günstigen Wind. Vergeßt das nicht in besserer Zeit.

Inhalt

I VOM SEEMANN KUTTEL DADDELDU

Hafenkneipe	8
Kuttel Daddeldu und Fürst Wittgenstein	8
Vom Seemann Kuttel Daddeldu	10
Kuttel Daddeldu und die Kinder	12
Seemannsgedanken übers Ersaufen	14
Die Weihnachtsfeier des Seemanns Kuttel Daddeldu	15
Kuttel Daddeldu besucht einen Enkel	17
Ansprache eines Fremden an eine Geschminkte vor dem Wilberforcemonument	18
Kuttel Daddeldu im Binnenland	19
Ein ehemaliger Matrose fliegt	21
Ehemaliger Seemann	22

II KUTTEL KANNTE NAHEZU ALLE HAFENPLÄTZE

Hamburg	26
Bremen	27
Kurz vor der Weiterreise	27
Leipzig	28
Mannheim	29
Augsburg	29
Kürzeste Liebe	30
Abstecher: Reichenbach im Vogtland	31
Der große Christoph	32
Chartres	33
Aus Amsterdam	34

III UND TÄTOWIERTE DIE STRAMPELNDEN KLEINCHEN

Kinder, ihr müßt euch mehr zutrauen	38
Unter Wasser Bläschen machen	38
Bist du schon auf der Sonne gewesen?	38
Das Bergmannspiel	39
Eine Erfindung machen	39
Afrikanisches Duell	40

Sich interessant machen 41

Maikäfermalen 42

An Berliner Kinder 42

Kindergebetchen 43

Kinder, spielt mit einer Zwirnrolle! 43

IV SEEMANNSGARN & MORSCHE FÄDEN
   (1. Lage)

Kasperle 46

Die neuen Fernen 46

Über meinen gestrigen Traum 46

Hat jede Frucht ihren Samen 48

Nach dem Gewitter 48

Abschiedsworte an Pellka 49

Malerstunde 49

Freiübung 50

Gewisse junge Burschen 50

Kunstgewerbe 51

Bumerang 52

V SEEMANNSGARN & MORSCHE FÄDEN
   (2. Lage)

Während der Riesenwelle 54

Blindschl 54

Logik 56

Einem Kleingiftigen 56

Der Bücherfreund 57

Zinnfiguren 59

Ringkampf 59

Das scheue Wort 61

Wie mag er aussehen? 62

Schenken 62

Morsche Fäden 63

VI UND IM BERNSTEIN TRÄUMEN FLIEGEN

Seepferdchen 66

Steine am Meeresstrand 67

Insel Hiddensee	68
Ein Stück Bierflasche	69
Schwebende Zukunft	69
Bleibt uns und treibt uns	70
Komm, sage mir, was du für Sorgen hast	70
Herbst	71
Im Weinhausgarten	72
Sinnender Spatenstich	72
Natur	73

VII SCHENK MIR DEIN HERZ FÜR 14 (VIERZEHN) TAGE

Letztes Wort an eine Spröde	76
Das Mädchen mit dem Muttermal	76
Noctambulatio	77
An Gabriele B.	78
Begegnung	79
Gnädige Frau, bitte trösten Sie mich	79
Alter Mann spricht junges Mädchen an	80
Madonnengesichter	80
Volkslied	81
Ferngruß von Bett zu Bett	82
Meine erste Liebe?	82

VIII SCHIFFER-SENTIMENT

Schiffer-Sentiment	84
Der Seriöse	84
Blues	85
Viel gesiebt	86
Am Sachsenplatz: Die Nachtigall	86
Kammer-Kummer	87
Silvester	88
Ehebrief	88
Zu dir	89
Und auf einmal steht es neben dir	89
An M.	90

IX WIR HABEN KEINEN GÜNSTIGEN WIND

An der alten Elster 92
Vor meinem Kinderporträt 92
Wenn die sich Künstler einladen 93
Jene kleinsten, ehrlichen Artisten 93
Jene Große 94
Vergehe Zeit! 95
So ist es uns ergangen 95
Aufgebung 96
Großer Vogel 96
Schiff 1931 97
Ehrgeiz 97

INTERVIEW AUF DEM PARNASS 98